LETTRES ET NOTES

SUR

L'ABBÉ VOLLOT

ANCIEN ÉLÈVE DE SAINT-SULPICE

ET DE L'UNIVERSITÉ DE TUBINGUE

PROFESSEUR EN SORBONNE

Professione pietatis aut laudatus
aut accusatus.

Par l'abbé TAPIE

CHANOINE HONORAIRE

DIRECTEUR DU PETIT SÉMINAIRE DE PARIS

PARIS

DE SOYE ET FILS, IMPRIMEURS

18, RUE DES FOSSÉS-SAINT-JACQUES, 18

1898

LETTRES ET NOTES

SUR

L'ABBÉ VOLLOT

L'abbé Vollot.

(D'après une photographie de 1860.)

LETTRES ET NOTES

SUR

L'ABBÉ VOLLOT

ANCIEN ÉLÈVE DE SAINT-SULPICE

ET DE L'UNIVERSITÉ DE TUBINGUE

PROFESSEUR EN SORBONNE

*Professione pictatis aut laudatus
aut excusatus.*

Par l'abbé TAPIE

CHANOINE HONORAIRE

DIRECTEUR DU PETIT SÉMINAIRE DE PARIS

PARIS

DE SOYE ET FILS, IMPRIMEURS

18, RUE DES FOSSÉS-SAINT-JACQUES, 18

1898

AVANT-PROPOS

Pendant les vacances dernières, septembre 1897, j'ai publié dans la *Semaine religieuse de Paris*, sans les signer, trois lettres sur l'abbé Vollot, mon ami, ancien élève de Saint-Sulpice et de l'Université de Tubingue; mort, il y a trente ans, professeur d'Ecriture sainte à la Sorbonne.

Ces lettres, écrites à la hâte et en voyage, sans prétention et sans plan déterminé à l'avance, furent agréables aux amis de l'abbé Vollot, qui eurent l'occasion de les lire, et ne déplurent point aux autres lecteurs de la *Semaine*.

« Très bien, vos lettres de Tubingue, m'écrivit un prêtre éminent et bon juge, qui fut le collègue de l'abbé Vollot à Saint-Sulpice et à Saint-Thomas d'Aquin.... Les extraits des lettres de l'abbé le montrent bien tel qu'il était, avec la finesse et la distinction supérieure de son esprit, non sans une teinte de mélancolie, la tendresse de son cœur et, par-dessus tout, sa vertu sacerdotale. Il m'a été présent toute la journée d'hier. J'ai vécu avec lui les douces heures d'autrefois, quand nous étions ensemble à Saint-Thomas d'Aquin. On sent toutefois que vous n'avez tracé qu'une légère esquisse. »

Je n'ai voulu tracer, en effet, qu'une esquisse, mais vivante et personnelle. Elle a paru telle à un vénérable chanoine de Notre-Dame, qui, après m'avoir dit le plaisir qu'il avait eu à me lire, ajoutait :

« Je n'ai pas eu, comme vous, le bonheur de connaître l'abbé Vollot, je le connais maintenant, grâce à vous. C'est ce qui me fait regretter, comme à tous ses vieux amis, qu'il ait eu la fin prématurée de cet autre Vollot qui se nommait Perreyve. Il aura, grâce encore à vous, une part dans mes souvenirs et dans mes prières. »

Mêmes impressions, mais plus vives celles-là, d'un jeune ecclésiastique de

Paris, homme de zèle et d'action, de cœur et d'intelligence, déjà l'âme d'une grande paroisse sans en avoir la haute direction. Je cite, en demandant pardon pour l'excès des éloges :

« Je viens de lire, dans la *Semaine Religieuse de Paris*, les pages délicieuses que vous avez consacrées à l'abbé Vollot. Je ne puis pas retenir, au fond de mon cœur, les impressions touchantes que vous y avez produites, et je tiens à vous remercier du plaisir que vous avez procuré à mon esprit et du *bien* que vous avez fait à mon âme.

« Je vous ai retrouvé tout entier dans les pages charmantes que j'ai lues et relues... Votre amitié a la stabilité du granit de vos montagnes. Les années peuvent s'écouler, elle n'est jamais ébranlée, et elle sait garder toute sa force et toute sa fraîcheur.

« Soyez donc félicité et remercié… Vous avez fait plaisir, vous avez fait du bien à ceux qui, comme moi, ont la douce confiance d'occuper une petite place dans votre cœur, appréciant davantage votre bonne amitié. »

Ces témoignages, trop flatteurs, mais sincères, spontanés, et, quoique émanant de personnes si diverses, unanimes à dire que ces notes sur l'abbé Vollot avaient fait et pouvaient faire encore du bien, m'ont donné l'idée de les rééditer avec de légères additions, en les faisant suivre d'une quatrième lettre, encore inédite, qui complète, sans l'achever, l'esquisse de l'abbé Vollot.

Ces quatres lettres seront suivies elles-mêmes d'une cinquième, écrite, il y a trente ans, au lendemain de la mort de l'abbé Vollot, et publiée à Nancy, dans la *Semaine de Lorraine*. C'est une très rapide notice qui fait connaître d'une manière très abrégée sa courte vie.

S'il faut non seulement cultiver ses amis, mais cultiver en soi ses amitiés, comme dit Joubert, il faut aussi cultiver leur mémoire quand ils ne sont plus.

C'est à ce sentiment et au désir de faire un peu de bien que j'obéis en livrant ces modestes pages au public. Ce petit livre est, avant tout, un acte d'amitié et de pieux souvenir. C'est là son seul mérite et, si besoin est, ce sera son excuse. *Professione pietatis aut laudatus aut excusatus.*

26 mars 1898.

N.-B. — Mon projet, non encore abandonné, en rééditant les lettres de Tubingue, était de les faire servir d'Introduction à un volume de la correspondance de l'abbé Vollot avec un de ses condisciples de Saint-Sulpice.

I

LE LYCÉE, SAINT-SULPICE,
SAINT-THOMAS D'AQUIN, TUBINGUE.

I

A Monsieur le Directeur de la « Semaine Religieuse de Paris ».

Tubingue (1), 27 août 1897.

Cher monsieur De Soye,

Souvent, par écrit et de vive voix, votre père, d'aimable mémoire, m'avait dit : « Envoyez-moi donc des notes pour la *Semaine*, pendant vos voyages de vacances! » Je lui

(1) La ville de Tubingue, sur le Neckar (Wurtemberg) compte aujourd'hui plus de 13,000 âmes. Elle devait en avoir de 9 à 10,000 en 1864.

Elle rappelle que l'abbé Vollot (1) fut un des plus distingués élèves de l'Université, qu'il remporta le plus grand nombre des prix dans ses classes à Henri IV et à Louis-le-Grand, et fut couronné jusqu'à quatre et cinq fois, la même année, au Concours général. Le plus brillant avenir l'attendait dans le monde et

venir, en écrivant de Tubingue, avec une biographie que je publiai à la même époque dans la *Semaine* de Lorraine. Je la reproduirai plus loin, comme je l'ai indiqué dans l'avant-propos. L'article de M. Grandvaux figurera aussi, mais en *Appendice*, à la fin de ce travail. Ces pages diront quelle fut la tendre affection du vénérable directeur sulpicien, de sainte mémoire, pour son fils spirituel, et en quelle haute estime on avait l'abbé Vollot à Saint-Sulpice, et quelles espérances reposaient sur lui.

(1) Ceux qui ont connu l'abbé Vollot ne peuvent s'empêcher, en parlant de lui, de penser à l'abbé Perreyve, enlevé lorsqu'il commençait à donner sa mesure, et à Mgr d'Hulst, qui est mort avant d'avoir pu donner toute la sienne. L'abbé Vollot connaissait l'abbé Perreyve et lui rend hommage, dans ses lettres, en apprenant sa mort. Il était l'ami de Mgr d'Hulst et en correspondance avec lui : qu'est devenue cette correspondance? J'ai encore la copie d'une charmante pièce de vers latins de Mgr d'Hulst, dédiée au calice de l'abbé Vollot, au jour de sa première messe. Le lecteur la trouvera, avec sa traduction, à l'*Appendice*.

l'Université le comptait déjà parmi ses futures gloires. Mais il quitta tout pour se consacrer à Dieu et à son Eglise.

Son entrée fit sensation au séminaire Saint-Sulpice, où ses succès universitaires étaient connus. Sa nature fine et distinguée, son air délicat et modeste, sa piété aimable et simple, sa charité et sa complaisance, mêlée à je ne ne sais quelle timidité, séduisaient tout le monde. C'était un bonheur de pouvoir partager sa société.

Son séminaire terminé en 1862, le Cardinal Morlot, qui connaissait sa famille, désirait l'avoir à l'Archevêché comme secrétaire. Le nouveau prêtre préféra le ministère des âmes. Quelques années plus tard, il résista à un désir semblable, lorsque son ancien catéchiste de Saint-Sulpice, resté son ami, Mgr Thomas (1), devenu évêque de la Rochelle, voulut l'avoir à titre de grand vicaire.

(1) Mort Cardinal Archevêque de Rouen.

M. Debeauvais,. curé de Saint-Thomas d'Aquin, qui avait eu le jeune Vollot comme paroissien, quand il était curé de Saint-Jacques du Haut-Pas, le demanda et l'obtint comme vicaire.

L'abbé Vollot ne trahit point, dans sa nouvelle position, les espérances qu'il avait données, et son passage à Saint-Thomas d'Aquin, qui ne fut que de deux ans, laissa des traces durables. Il recherchait de préférence, dit une de ses notices, les fonctions et les œuvres ignorées. Les pauvres et les délaissés étaient sa meilleure part. Mais quand il paraissait en chaire, il ne pouvait cacher son mérite. « Mon ami, lui dit un jour M. Debeauvais en l'embrassant, vous venez de nous faire un sermon qui est un pur chef-d'œuvre. » Mais aussi comme il respectait la parole de Dieu ! Il écrivait à un ami : « J'ai lu, l'autre jour, dans Bossuet, ces paroles : Pour prêcher la vérité, il faut avoir un cœur de roi. Ah! mon ami, je le demande pour vous et pour moi, ce cœur de roi. Ne soyons pas seulement des prêtres honnêtes, soyons de grandes âmes avec le secours de Dieu. » Un autre jour il écrivait à ce même ami : Un prêtre doit avoir l'âme d'un Montmorency (1).

C'est au milieu de ce ministère, qui donnait déjà ses fruits et qui ne manquait point de consolations spirituelles, qu'on vint proposer à M. Vollot, en 1864, d'aller à Tubingue, en Wurtemberg, étudier l'état de la science et des esprits en Allemagne, afin de pouvoir, à son retour en France, combattre, en pleine connaissance de cause, les erreurs qui nous venaient d'outre-Rhin. Cette mission était austère et laborieuse : elle exigeait beaucoup d'abnégation et un grand amour pour la vérité et l'Eglise, M. Vollot l'accepta. « Il y a des moments, écrivait-il à un ami, où je voudrais laisser là cette ingrate besogne.

(1) Voici le texte exact : « Soyez donc fier, souvenez-vous que vous êtes, mieux encore que Montmorency, un des premiers gentilshommes chrétiens ».

1.

Mes goûts me mèneraient ailleurs. Mais je me dis qu'il y a de pauvres âmes qui ont besoin d'être fortifiées et d'être rassurées, et cela me donne un peu de courage. » Mgr Darboy lui destinait la chaire d'Ecriture Sainte de Mgr Meignan, qui venait d'être nommé vicaire général et qui est mort Cardinal, et Archevêque de Tours, en 1896.

Donc, l'abbé Vollot vint suivre les cours de l'université de Tubingue. C'est la trace et le souvenir de son passage que je suis venu chercher ici. Je fais connaissance avec les lieux où il a prié, travaillé et souffert, pendant deux ans!

Je dis *souffert*, parce qu'une âme de cette trempe ne quitte pas la patrie sans souffrance, pour vivre, en pays protestant, loin de tout ce qu'on aime. Cette épreuve terrible du premier moment de l'exil, qu'il cache à ses parents, pour ne pas les inquiéter, il la révèle volontiers à ses amis, mais en leur demandant la discrétion.

Ses impressions à l'arrivée ne furent pas d'abord des plus agréables.

Il écrit à son plus ancien ami : « Je suis arrivé à Tubingue, jeudi soir (1), comme Dante entra au Purgatoire ». Avec sa sœur cadette il est plus explicite :

« Que je te parle de Tubingue, lui dit-il : le premier moment n'a pas été très agréable; il pleuvait, des brouillards traînaient le long des coteaux. Entre Stuttgart et Tubingue, le chemin se fait lentement. Il y a des stations à chaque pas, et ces longs wagons allemands, remplis de fumée, de rires et de bruit, ne sont pas capables d'égayer beaucoup la délicatesse nerveuse de notre organisme parisien. Je suis donc entré ici avec le froid, l'ennui, la pluie. Une vieille ville qui se présente mal du côté du chemin de fer : des rues tortueuses, sales, l'entrée de tous les hôtels, et du mien en particulier,

(1) 30 juin 1864.

pareille à celle d'une écurie; des escaliers atroces; tout cela réuni serre un peu le cœur. Puis, la table d'hôte où il me semblait que j'allais m'asseoir doublement étranger, Français et prêtre! Je me trompais, Dieu merci. A cette table d'hôte soupait et fumait la Faculté de théologie! »

Je suis arrivé à Tubingue avec le même temps que mon ami; même pluie, même brouillard, et cette coïncidence allait à merveille avec l'état d'âme où m'avaient mis les souvenirs que je venais raviver ici. L'entrée de l'hôtel a meilleur aspect. Les écuries existent toujours, mais elles sont dissimulées par des cloisons à coulisse, et l'escalier, fraîchement décoré, paraît moins « atroce ». Pas changée, la table d'hôte; mais, à mon grand regret, la Faculté de théologie ne soupe plus et ne fume plus à l'hôtel du *Prince-Charles*. Où opère-t-elle maintenant? Voilà ce que je n'ai pu apprendre d'un répétiteur du séminaire qui, en fait de français, paraissait ne

savoir qu'un peu d'italien; c'est au reste tout
ce que je sais d'allemand!

La première visite de mon ami fut pour la
chapelle catholique : « Je dis ma messe, écrit-
il, au *convict*. C'est là que se trouvent les
séminaristes qui n'ont pas encore les Ordres.
Le Supérieur a été très bon pour moi. Pauvre
chapelle! Je l'áime déjà de tout mon cœur.
J'y trouve la patrie. » — « C'est le seul coin,
ici, où je ne me sente pas étranger! Est-ce
que vous ne l'aimerez pas un peu? »

Cette chapelle, je l'ai vue. Elle est au premier étage du *convict*. Tout à l'heure, je viens
d'y dire un *De Profundis* pour mon ami. Elle
est délaissée aujourd'hui, parce qu'on a élevé,
à côté du *convict*, une magnifique église catholique où officient les répétiteurs et les
étudiants.

Il fait ensuite connaissance avec ses futurs maîtres. « J'ai vu nos futurs maîtres,
écrit-il, à l'heure du souper, à sept heures : je
les trouve à table fumant, causant, buvant de

la bière. Ils m'ont fait place, et me voilà, depuis deux jours, lâchant, sans sourciller, des bordées de barbarismes. Quoi qu'on dise là-bas, ce sont des gens infiniment respectables que MM. de la Faculté. Je les aimerais presque, s'ils voulaient : mais ils sont Allemands ! Ils ne se doutent point du plaisir et du bien qu'ils me pourraient faire en m'accueillant à la française : ils n'y songent pas. » Parmi ces maitres était Héfélé, si connu en France !

Le sentiment de l'exil reparait souvent, surtout à ces tables d'hôte, où il ne peut encore se mêler à la conversation. « Aimez-vous la table d'hôte, dit-il à un ami, vous qui aimez voyager ? Aimez-vous vous sentir étranger quelque part ? refouler en vous-même toute expansion, tout sentiment, toute parole, subir ces regards indifférents, entendre ces rires que l'on ne comprend pas et qui sont d'autant plus suspects ? Venez à table d'hôte, cette méthode est très excellente et elle *vous servira beaucoup.* » Dans une autre lettre : « Je puis avoir, d'ici quatre à cinq mois, de très agréables relations, mais pour le moment, il faut me suffire à moi-même et donner de l'avant, sans être encouragé par personne. Si Dieu n'était là!... »

Cette épreuve ne dura que quelques semaines. Dieu envoya à M. Vollot un compagnon, un ami, dans la personne d'un des plus distingués élèves de l'Ecole polytechnique, ingénieur des mines, entré, lui aussi, dans l'Eglise; nous avons nommé le vénéré M. de Foville (1), directeur au séminaire Saint-Sulpice.

La compagnie permanente de M. de Foville

(1) Voici comment le nouvel étudiant annonce à un de ses amis l'arrivée de M. de Foville, qui voulut d'abord passer ses vacances à Tubingue à titre d'essai. « En fait de compagnie, la bonne Providence m'en va donner une charmante, pour deux mois, un ancien camarade de L., sorti le second de l'Ecole polytechnique, qui a donné sa démission de l'Ecole des Mines pour entrer au séminaire. Il s'appelle de Foville. L. me dit qu'il est parfaitement bien, *Benedictus qui venit.* »

ne fut pas le seul tempérament à son exil. Il y en eut un autre qui, pour être intermittent, n'en fut pas moins agréable, ce furent les visites qui lui vinrent de France. D'abord, en juillet 1864, M. Hogan (1) et l'abbé de Bretagne (2). Puis, à la fin de l'hiver et au début du printemps 1865, son père d'abord et son frère ensuite vinrent passer quelques jours avec lui. Quelques détails sur la première visite. MM. Hogan et de Bretagne n'arrivèrent pas jusqu'à Tubingue. On se donna rendez-vous sur les bords du Rhin et on visita ensemble Heidelberg, Worms, Mayence, Spire et Francfort. Les trois amis conservèrent le très vif souvenir de cette charmante excursion de huit jours. L'abbé Vollot en fit le récit ému dans ses lettres, et l'abbé de Bretagne m'écrivit qu'il était enthousiaste et

(1) Directeur au Séminaire Saint-Sulpice, aujour-d'hui supérieur du Grand Séminaire catholique de Boston (Etats-Unis).

(2) Vicaire alors à Sainte-Clotilde, aujourd'hui vicaire à la Madeleine.

prêt à recommencer le voyage avec moi (1).

Même enthousiasme et même touchant désir de me voir faire la même excursion m'est exprimé par l'abbé Vollot : « J'ai fait un charmant voyage de huit jours, si charmant, que mon rêve serait de le refaire avec vous, si vous m'honorez de votre visite. Spire, Worms et Mayence, voilà qui veut être vu par un professeur d'histoire, même après Burgos » (2).

Je devais être le cinquième visiteur; la bourse et le plan de voyage étaient faits. Je

(1) Cette distraction était vraiment nécessaire au nouvel étudiant de Tubingue. « J'ai trouvé, m'écrivait l'abbé de Bretagne, l'abbé Vollot fatigué, un peu de son isolement, (M. de Foville n'était pas encore arrivé), et beaucoup de la cuisine de Tubingue. Il était heureux de notre arrivée qui lui apportait une distraction, et l'occasion de refaire connaissance avec le bouillon et le bifteck. »

(2) Allusion à un très intéressant voyage fait avec les deux mêmes amis, Vollot et de Bretagne, dans la capitale de la Castille, voyage qui inspira à l'abbé Vollot deux morceaux de poésie qui méritent d'être conservés : *Notre-Dame de Burgos*, et *Don Quichotte*.

devais aller prendre mon ami à Tubingue et le ramener en Bourgogne en prenant le *chemin des touristes*, c'est à dire en visitant les bords du Rhin. Je ne sais quel obstacle empêcha ce projet de se réaliser; ce que je sais, c'est que je suis aujourd'hui à Tubingue pour réaliser une partie du plan de 1864 (1).

L'abbé Vollot, nous le voyons, souffrit de ne pas savoir l'allemand. Il ne l'ignorait pas, puisqu'il l'avait appris comme un très bon élève l'apprend dans les lycées ou séminaires. Mais il était comme le comte de Maistre, qui déclarait *que ses yeux savaient l'allemand, mais que ses oreilles ne s'en doutaient pas.* C'est un rude travail que de s'enfoncer dans

---

(1) J'ai retrouvé la lettre où j'annonçais ma résolution. « J'ai pris note, écrivais-je à mon ami, de vos promesses ou de vos rêves, si vous aimez mieux, de faire un voyage en Allemagne! Je ne pense qu'à cela et déjà j'économise dans ce but. L'occasion est bonne et je ne veux pas la laisser échapper. Dans tous les cas, j'irai à Tubingue. Mes finances me permettent cette folie. J'irai vous chercher pour passer avec vous le reste de mes vacances en Bourgogne. »

cette langue allemande. Aussi s'appliqua-t-il à cette étude avec acharnement. Il fit de l'allemand « à mort », comme il dit ailleurs, sans négliger l'hébreu auquel il consacrait deux heures par jour.

Autre souffrance de l'abbé Vollot, mais physique, celle-là : elle était causée par la nourriture. Sa santé, plus que délicate, aurait demandé une nourriture substantielle, naturelle, préparée à la française. Mais comment trouver cela à Tubingue? Et cependant il fallait y pourvoir d'urgence. Sans alimentation, la machine ne pouvait travailler. « Si vous avez vu ma sœur Caroline (1), écrit-il à un de ses correspondants habituels, elle vous aura appris la grande détermination. Je vais avoir une cuisinière française. Impossible, pour moi, de vivre autrement. La cuisine tudesque est décidément insuffisante. C'est du Kant en hachis, en sauces, en

(1) Mlle Caroline Vollot, mariée à M. Octave Falateuf, avocat à la Cour d'appel de Paris.

papier mâché. Mon pauvre *moi* a singulièrement souffert de cette insuffisance du *non-moi*. Quels hommes que ces Allemands! Avoir inventé la poudre à canon, l'imprimerie... et ignorer la broche et l'usage du gril! A moi est réservé d'importer en Allemagne ces immortelles conquêtes de l'esprit français. A moi la gloire de révolutionner la cuisine et de faire régner les grands principes là où triomphait, hier, le régime de l'arbitraire et des longues sauces. O Guttemberg, que tu es petit! »

Ce projet ne se réalisa pas, et voici comment il l'annonce à son ami : « De cuisinière, pas d'ombre. Elle allait partir avec gril, broche, et tout ce qui concerne son état. Un mot de Tubingue l'a arrêtée. J'ai fait une création. A 11 heures du matin, tous les jours, à une petite table du *Prince-Charles* (1), je m'assieds solitaire et j'attends,

(1) L'abbé Vollot cessa d'habiter l'hôtel quelques jours après son arrivée à Tubingue; mais il continua à y

et voici que, du fond de la cuisine, arrive
un *beefsteak*, deux *beefsteaks* environnés de
pommes de terre. J'ai dit un mot, et le
beefsteak a été. Il n'existait qu'à l'état de
mythe, je l'ai actué. En voilà une thèse!
Elle m'a coûté tout mon latin, et surtout
tout mon allemand. Mais j'ai triomphé. Qu'on
parle maintenant de la Sainte-Alliance! »

Hélas! les traces du passage de l'abbé
Vollot au *Prince-Charles* se sont depuis
longtemps effacées, et si la tradition du

prendre ses repas. « Je cherche, écrit-il, une chambre
en ville, car l'hôtel n'est pas assez tranquille. Le bruit
de la table d'hôte se fait entendre du matin au soir. Il
me faut un logement bien éclairé, bien exposé, bien
entouré. Je continue à prendre mes repas ici. J'ai
l'avantage d'avoir au souper la Faculté de théologie.
C'est un plaisir, en même temps qu'un grand secours,
pour m'obliger à parler teuton. » Ces soirées ne manquent pas de pittoresque. En voici un petit crayon que
l'abbé Vollot en donne à l'abbé de Bretagne, dans une
lettre où il l'engage à venir le voir à Tubingue. « A
midi, vous serez un peu seul. Mais le soir, à sept heures
et demie, vous aurez le plaisir de trouver une compagnie et de vérifier, par vos yeux, ce que fume et ce que
boit l'*Exégèse*. Voici le docteur Héfélé (professeur

beefsteak existe encore, cela ne paraît guère dans le menu de la table d'hôte que nous avons eu, ce matin, à dîner. Jugez plutôt. D'abord une espèce de purée d'aspect verdâtre, assez bonne, mais peu engageante; puis du *bœuf bouilli* peu tendre, accompagné de concombres en salade, d'une sauce à la *poivrade*, de petites *cerises* à l'eau-de-vie, je crois, et de la confiture de groseille: Venaient ensuite des escalopes de veau, avec les mêmes condiments. Enfin, pour terminer du poulet rôti accompagné de salade,

d'exégèse), il est petit, mais ses idées, dit-on, sont très larges. Voici Aberle (professeur d'histoire ecclésiastique), voici Kuhn (professeur de théologie dogmatique), deux monuments, Tout à l'heure on va apporter la feuille, et on causera politique. Là, parmi ces grands personnages, en face de Himpel (savant orientaliste), est un jeune Français que vous avez connu jadis. On le reconnaît à la timidité naturelle à son sexe, et aux flots de barbarismes qui s'échappent de ses lèvres inexpérimentées. »

L'abbé Vollot trouva la chambre souhaitée, chez un chapelier, qui habitait la maison de Mélanchthon. Mon ignorance de l'allemand ne m'a pas permis de retrouver ce logement.

d'une omelette et d'une compote de *cerises noires*, d'un goût exquis. Si encore j'avais pu faire la critique de ce singulier dîner! Mais nous étions quatre convives, et aucun de nous n'a rompu le silence. Ne pas savoir l'allemand, ne pas savoir la langue du pays où l'on voyage, voilà le vrai, le seul ennui en voyage pour moi. La nourriture est peu de chose, et mon estomac supporte très bien le macaroni d'Italie, le *gulyas* de Hongrie et les poulets aux cerises d'Allemagne!

Mais je m'aperçois que ma lettre atteint les proportions d'un compte rendu des Conférences de Notre-Dame. C'est trop encombrer la *Semaine*. Dois-je dire : *au prochain numéro?* C'est à vous à le décider par l'accueil que vous ferez à la prose d'aujourd'hui. La matière n'est pas épuisée. En attendant, je vous serre la main.

R. T.

II

TUBINGUE. — LA SORBONNE

II

Tubingue, 6 septembre 1897.

Cher monsieur De Soye,

Encore Tubingue et l'abbé Vollot! Nous avons laissé le nouvel étudiant au moment où il se fait inscrire parmi les élèves de l'Université wurtembourgeoise. A ce titre, ses débuts eurent les amertumes de l'exil, parce qu'il ignorait la langue allemande. Mais cette amertume, tempérée, après quelques semaines de séjour, par la compagnie de M. de Foville, fut adoucie encore dès les premiers jours par les lettres des parents et amis. La

correspondance avec la France, voilà quelle
fut sa grande et continuelle consolation dans
son quasi exil! « Si quelque chose, écrit-il à
sa sœur cadette au lendemain même de son
arrivée, si quelque chose peut adoucir les
premiers moments de mon arrivée ici, ce sont
les lettres que j'y ai trouvées et que j'ai lues
ce matin. C'étaient des lettres bien bonnes et
bien affectueuses, mais la tienne était de
beaucoup au premier rang. Elle restera dans
mes papiers comme la première et la plus
douce page de mon exil à Tubingue. »

Ces lettres de France, il les désire et les
sollicite! Elles sont de véritables fêtes pour
lui et il ne le cache pas : « Vos lettres, mal-
heureux, sont des fêtes pour moi. L'ignorez-
vous? Jamais l'*Exégèse* ne s'est permis de
pareilles goguettes. Aussi, n'est-ce pas à
table d'hôte, devant nos graves docteurs et
en face des *bocks*, que je me permets de dégus-
ter vos épîtres, moitié gasconnes, moitié pari-
siennes. Il faut aller chercher la solitude de

quelque coteau retiré, où les sapins, qui sont naturellement discrets, sont les seuls témoins des éclats de rire dont je fais retentir les échos d'alentour... » Et si ces lettres de France deviennent rares et se font attendre, quels reproches!... « La présente est pour vous dire que vous êtes un fieffé paresseux, plus qu'un paresseux, un barbare... Me laisser pendant un mois sans nouvelles, sans un mot, sans un souvenir, me priver de l'incomparable joie de trouver chez moi, en sortant du *Prince-Charles*, une lettre venant de la Patrie, un pot-pourri de nouvelles, le tout à la sauce gallico-gasconne... C'est inexcusable. Avouez que vous êtes un infidèle, un ingrat. »

« Je vous en prie, écrit-il à M. Laroche (1), son principal correspondant, ne tardez pas à m'écrire. Je suis si seul! Il y a bien des gens avec qui causer, mais aucun avec qui je

(1) Prêtre de Saint-Sulpice, professeur au Grand Séminaire d'Angers, aujourd'hui directeur de la Maison Saint-Jean, rue de Vaugirard.

sente, avec qui je pense. *Quomodo cantabimus in terra aliena ?* »

M. Vollot, reçu étudiant, est *immatriculé* dans les formes : « C'est une cérémonie imposante, écrit-il non sans quelque ironie. On se rend à la grande salle de la *Facultät*; et, en présence des portraits des illustrissimes recteurs des temps passés, j'ouïrai un sermon en allemand, je prêterai le serment de ne rien faire contre le roi, et l'Université, et la morale, moyennant quoi j'aurai le droit de jouir des privilèges académiques, et de payer 30 fr. »

Comment est organisée la vie du nouvel étudiant? D'une manière bien simple. Lever à six heures; à six heures et demie, messe à la chapelle du séminaire catholique ou *convict*. A sept heures et demie, déjeuner à l'allemande, café au lait avec gâteaux. Puis, méditation et les Petites Heures. Puis de l'allemand, mais de toutes manières, et, à toutes sauces. A midi, table d'hôte, et à une heure, promenade en compagnie d'un étudiant du *convict* catholique (1), qui est son professeur d'allemand. Les sujets de la conversation sont aussi simples que variés : « Les environs de Tubingue, les curiosités du pays, les habitants, les professeurs, les étudiants, les cours, autant de matières de conversations et pour moi de barbarismes. » A 2 heures 1/2, l'étudiant parisien recommence le travail du matin jusqu'à 7 heures, moment du souper. Voilà des journées bien remplies. « La vie d'étudiant en elle-même, écrit-il, me sourirait. Quel bonheur de n'être plus un bourgeois de la rue du Bac! quelle joie de se retremper dans le pittoresque! »

Lorsqu'il fut un peu plus maître de la langue, M. Vollot joignit à l'étude quotidienne de l'allemand et de l'hébreu trois cours par jour : l'un sur *Isaïe*, l'autre sur *saint Jean*, et le troisième sur l'*Introduction à l'Écriture*

(1) Il y aussi naturellement un *convict* protestant à Tubingue. Sous le nom de Stift, il occupe un ancien couvent des Augustins.

Sainte. A ces trois cours, faits par des docteurs catholiques, il trouva assez de temps encore pour ajouter ceux de deux docteurs protestants de grand mérite. C'était une caractéristique de cette Université allemande : les protestants se faisaient les auditeurs de maîtres catholiques, d'Héfélé par exemple, et les étudiants catholiques suivaient sans scrupule les leçons de tel docteur protestant renommé, sur des matières étrangères au dogme. J'ai demandé si cet usage continue encore, et la réponse a été affirmative. Détail curieux : le professeur de littérature française de M. Vollot (c'était en réalité pour lui un professeur d'allemand) était un docteur protestant de Genève, M. Perchier, qui avait pour texte de ses leçons la traduction du *Verre d'eau* de Scribe, un petit bijou né, par un jour de mai, sur quelque boulevard parisien. Rien n'est comique, comme d'entendre ce fin et léger dialogue, lu et traduit, séance tenante, par les élèves. Autre détail non moins intéres-

sant et qui ne serait pas admis en France ;
les étudiants catholiques et protestants con-
courent aux mêmes prix. Ces prix sont dis-
tribués d'une manière solennelle et sont
donnés en *espèces sonnantes*. Les prix de
philologie et de droit furent attribués, pendant que M. Vollot était là, à deux convicteurs
catholiques (1).

L'abbé Vollot parle souvent du *convict*
catholique et l'assimile, sans trop insister du
reste, à un grand séminaire de France ; mais
c'est le cas de dire : toute comparaison cloche,

(1) Mixte aujourd'hui et surtout protestante, l'Université de Tubingue est de fondation catholique. L'abbé
Vollot nous le rappelle, dans un passage d'une lettre,
écrite le jour de la Pentecôte de 1865.
La fête du jour lui inspire de faire des vœux pour le
retour complet de l'Allemagne au catholicisme et aux
pures doctrines romaines. « Ces braves Allemands nous
reviendront, et le Saint-Esprit fera pour eux des mira-
cles. Il enverra des Sulpiciens à Munich ou à Vienne...,
il rendra aux vieilles universités leurs pieux docteurs
d'autrefois, dignes des professeurs de Tubingue au seizième siècle, qu'il fallut renvoyer en masse parce qu'aucun ne voulait de la Réforme. C'était alors le beau
temps : l'Université, fondée par un pape, *auctoritate apos-*

omnis comparatio claudicat. Jugez plutôt. D'abord le local. « Le *convict* est une belle et grande maison, qui date de la fin du seizième siècle avec des tourelles et un toit aigu. Il y a une fontaine et un pigeonnier. Pas de cour pour jouer et se promener. Il y a là dedans à peu près 80 *convicteurs.* Ils portent l'habit laïque, sortent régulièrement tous les jours de 1 à 2 heures, le dimanche et le jeudi de 4 à 6. Le règlement de la maison est très simple. On se lève à 5 heures 1/2; à 6 heures, la prière et la sainte messe; puis déjeuner; après quoi, de 8 heures à midi et

tolica, était plus nombreuse encore qu'aujourd'hui. Les moines Cisterciens de Debenhausen suivaient les cours, et la bonne Vierge, que je vois depuis mes fenêtres, au coin d'une rue, était un des plus beaux ornements de leur maison. *Réalistes* et *nominalistes* se chamaillaient si bien, qu'on avait dû créer, pour eux, dans l'Université, deux bâtiments distincts, afin qu'ils ne pussent se battre. Un étudiant fut censuré, pour avoir dépensé, dans un seul semestre, *sept gulden* (14 *francs et vingt et un centimes*). Chacun apportait avec soi, de sa famille ou de son village, de solides provisions qui duraient des mois entiers. »

de 2 à 6 ont lieu les cours. Dans l'intervalle de ces cours, il y a étude. Les exercices de piété sont peu nombreux. Il y a conférence spirituelle le samedi. »

Comme les cours se font dans des locaux différents, les convicteurs sont perpétuellement en courses. On comprend, dans ces conditions, qu'ils ne puissent suivre le règlement d'un séminaire de France. Et, cependant, l'abbé Vollot écrit que les jeunes directeurs du *convict* (on les appelle répétiteurs pour ne pas les confondre avec les professeurs) sont très édifiants ; et, parmi les convicteurs, il y a de vrais *Issyens*. Il y avait alors à Tubingue, j'ignore si elle existe encore, une petite conférence de Saint-Vincent de Paul, où se trouvaient réunis les convicteurs catholiques et les théologiens protestants.

Voici qui s'éloigne encore plus des usages des séminaristes de France. A la fin de la quatrième année de théologie, il y a ce qu'on

pourrait appeler l'*examen de sortie*. Les théologiens sont interrogés sur toutes les matières de leurs études, la philosophie exceptée.
Je cite : « Voici comment se passent les
choses. A 7 heures, la musique des théologiens se réunit dans la cour du séminaire ét
y exécute plusieurs morceaux, y compris des
valses. A 7 heures 3/4, parait un groupe, de
noir habillé, avec chapeau et *frac*, le tout
portant de gros livres sous le bras, ce sont
les théologiens qui vont être examinés. Ils
font gravement le tour de la grande cour où
sont leurs camarades, beaucoup d'enfants, et
tous les curieux et curieuses de la ville. La
musique les suit du regard et se tourne de
leur côté jusqu'à ce qu'ils aient franchi la
porte d'honneur. Alors il vont à l'Université
(Aula) où les attendent les professeurs de
théologie, également en *frac*. Les élèves
s'assoient derrière une table, et les professeurs, debout, passent tour à tour devant eux
et les interrogent. Cela dure 4 heures, ils

sont sept ou huit à chaque session. A midi,
ils rentrent au *convict*, font leurs paquets, et,
avant de partir, invitent tous les théologiens
à une séance de bière. Chaque société a son
restaurant. Les théologiens ont le leur, et ils
y passent, en général, la soirée du jeudi et
celle du dimanche. Voilà les mœurs du pays.
Je doute que ce soient jamais celles de Saint-
Sulpice. Demandez plutôt à M. Caval (1). »

On pourrait demander aujourdui à MM. Cap-
tier et Monier (2), et certainement leur réponse
serait celle qu'aurait faite, il y a trente ans,
le vénérable M. Caval. J'ai voulu savoir si
ces usages étaient maintenus, et je m'en suis
informé, en italien, auprès de l'aimable directeur du *convict* déjà cité. Comme je lui don-
nais le titre de *professeur* : « Non, Monsieur,

(1) M. Caval, successeur de M. Carrière, était supérieur
de Saint-Sulpice en 1864. Il donna sa démission en 1876
et mourut en 1892.

(2) M. Monier, supérieur du Séminaire de l'Institut
catholique, l'année dernière encore, aujourd'hui supérieur de la Maison Saint-Jean.

m'a-t-il répondu, je ne suis pas professeur, mais répétiteur. » Il faut dire qu'aucun élève n'est interrogé pendant les cours, et que nul des auditeurs ne se permet de demander des explications au professeur. « Peu de livres entre les mains des étudiants, leurs notes doivent suffire! C'est effrayant. A voir la masse de leurs cahiers, se douterait-on que l'imprimerie a été inventée en Allemagne? » Pour corriger les inconvénients du système, les jeunes directeurs répètent les leçons et interrogent les convicteurs. Il y a, de temps en temps, des argumentations.

Ce répétiteur m'a confirmé que les séances de bière subsistent encore le jour où les étudiants subissent leur examen et font leurs paquets. Il faut dire, comme circonstance atténuante, que, pour n'être pas aussi bonne qu'à Munich, la bière est encore excellente à Tubingue!

Ces théologiens brévetés, s'il est permis de parler ainsi, élevés, à tout prendre, comme

de bons laïques de France, vont-ils entrer,
comme cela, dans le ministère, après des
ordinations plus ou moins hâtées? L'abbé
Vollot va nous répondre : « La cinquième
« année de séminaire se fait à Rotten-
« bourg (1); alors les jeunes gens deviennent
« véritablement séminaristes. Tandis qu'ils
« sortent tous les jours à Tubingue, et ont des
« séances de bière comme les autres étu-
« diants, à Rottenbourg, ils sont tout à fait
« captifs, reçoivent successivement les Or-
« dres, et s'occupent de liturgie, de catéchis-
« tique, d'homilitique, et reçoivent en outre
« des instructions sur la Pénitence. Sortis du
« séminaire, ils ont des conférences généra-
« lement sérieuses, suivies d'un rapport, et
« sur ce rapport sont données des notes,
« d'après lesquelles se font les nominations
« aux cures. Le clergé wurtembergeois est
« un des plus instruits d'Allemagne. »

(1) Siège de l'unique évêché catholique du Wurtemberg, à deux lieues de Tubingue.

Ici, un souvenir qui fera un peu excuser les séances de bière. C'était l'année d'Oberammergau, au mois d'août 1890. J'arrivai, le samedi soir, dans une petite ville de Bavière de 4 ou 5,000 habitants. Cette ville me paraît en fête. La grande rue que je suis pour aller à mon hôtel est pavoisée du drapeau national; aux murs de chaque maison, des couronnes et des guirlandes de feuillages et de fleurs. Ajoutez à cela des arcs de triomphe de verdure! A l'hôtel, même appareil de fête : le vestibule, l'escalier et une grande salle sont tout enguirlandés, comme l'extérieur de la maison. Ceci m'intrigue vivement; je veux m'informer, mais j'ignore l'allemand! Enfin, il se trouve une servante qui comprend à peu près le français; je l'interroge. Pourquoi ces préparatifs, cette ville pavoisée, cet hôtel orné de fleurs et de feuillages? « Monsieur, première messe. » Évidemment, me disais-je, je n'ai pas été compris; toute une ville en fête pour une première messe, le 17 août! Cela n'est pas possible! Je vais à l'église en attendant le dîner. Partout, sur mon chemin, même appareil, et, aux rues principales, des arcs de triomphe avec inscriptions allemandes que je suppose être des versets de l'Ecriture sainte. A l'église, belle et grande, mêmes guirlandes et des fleurs à profusion! Les confessionnaux étaient assiégés. J'en fais sortir un des prêtres et lui demande, en latin, l'explication de ce que je vois. « *C'est pour honorer la première messe d'un nouveau prêtre.* » Le doute n'était plus possible. Je rentre tout ému à l'hôtel et là j'ai enfin l'explication complète. Cet hôtel avait été choisi par la famille du nouveau prêtre, comme lieu de réunion et de banquet, pour les parents et amis, après la cérémonie. Le nouveau prêtre était même arrivé, pendant ma visite à l'église, accompagné d'un chanoine de Bamberg, prélat romain, qui devait parler à la cérémonie du lendemain. Celui-là, qui entendait à merveille notre langue, m'explique qu'une première messe était un *événement religieux* auquel tout le pays prenait part. Je demande sa bénédiction au nouveau prêtre qui retourne dans sa famille.

Le lendemain, à 9 heures 1/2, au son des cloches, tout le clergé de la paroisse, **croix et bannière** en tête, les religieux du couvent voisin et d'autres prêtres encore, vont processionnellement à la maison du nouveau prêtre et le mènent à l'église. Tous ces ecclésiastiques portaient des rameaux de myrte; le nouveau prêtre s'avance le dernier, comme un pontife, assisté de son orateur. Le clergé et le peuple chantaient le *Benedictus*. La cérémonie fut digne de ces préludes, et, l'après-midi, je vis, à l'hôtel où la famille et de nombreux amis étaient réunis, avec quelle vénération était traité le prêtre qui venait de dire sa première messe. Convenez, monsieur De Soye, qu'on peut pardonner quelques bocks de bière à un clergé et à un peuple qui donnent des spectacles de foi et de piété aussi édifiants. Au reste, le clergé allemand, quelque différente que soit de la nôtre sa formation, a donné sa mesure dans la lutte du *Kulturkampf* : il a fait reculer le chancelier de fer.

Je reviens à Tubingue et à l'abbé Vollot, c'est pour finir. L'abbé quitta Tubingue en juillet 1865. Il tenait le plan de sa thèse de doctorat et les matériaux d'une année de leçons à la Sorbonne sur la Genèse. Mais le mal qui devait l'emporter s'était développé en Allemagne, et un hiver à Menton (1) et une saison aux Eaux-Bonnes (2) furent jugés aussi nécessaires qu'ils devaient être inutiles pour enrayer la maladie. En attendant sa chaire (il fut question aussi de l'aumônerie de l'Ecole normale supérieure), il s'occupa, en compagnie de M. Petit, secrétaire de l'Archevêché, d'un patronage de jeunes gens du Gros-Caillou, où il avait déjà déployé son zèle

(1) Hiver 1866-67.
(2) Août 1867.

avant d'être prêtre. L'abbé Petit (1) était un des meilleurs amis de l'abbé Vollot; ces deux âmes généreuses et désintéressées, toutes de foi et de charité, de droiture et de loyauté, étaient faites pour s'entendre. L'abbé Vollot était un frère pour l'abbé Petit; aussi, le frère parti, l'abbé Petit eut, pour le père de son ami, tant qu'il vécut, les plus filiales et les plus délicates attentions.

L'abbé Vollot ne fit que quatre à cinq leçons à la chaire d'Écriture Sainte, qui lui fut donnée en novembre 1866. La première leçon eut lieu le 15 mai 1867, en présence d'un auditoire restreint, composé surtout d'amis et de professeurs en Sorbonne. L'ouverture du cours n'avait pas eu de publicité.

Je vois encore mon ami tel qu'il me parut dans cette circonstance solennelle, plus pâle que d'ordinaire, distingué comme toujours,

(1) L'abbé Petit, chanoine de Notre-Dame, vicaire général de Paris, chancelier de l'archevêché. Mort à Jérusalem, le 11 octobre 1883.

timide, s'efforçant de dominer son émotion et y réussissant assez bien. Il lut cette leçon : on le lui avait conseillé et c'était généralement l'usage. Cette lecture, faite d'une voix claire, forte, distincte et bien timbrée, devait, d'après l'expérience faite dans le cabinet de travail, durer l'heure réglementaire. Elle ne dépassa guère les trois quarts de l'heure. L'émotion réelle, quoique peu visible, en avait hâté la mesure. Le style était, comme toujours, d'une grande sobriété et d'une impeccable correction, chaud et entrainant plus par la vigueur de la pensée que par la séduction de la forme. Il fut applaudi et félicité. La Sorbonne avait retrouvé son nouveau Perreyve, égal au premier (s'il est permis de les comparer) par la jeunesse, la haute distinction, l'aménité des manières, l'amour de la vérité et de l'Eglise, supérieur peut-être par la vigueur du talent, la valeur littéraire et l'énergie de la pensée. Ce début donna à ceux qui en furent les témoins les meilleures espérances, mêlées,

3.

hélas! de vives inquiétudes. Le second Perreyve pourrait-il fournir même la courte carrière du premier? Hélas non!

En effet, quelques mois après, malgré la saison des Eaux-Bonnes dont je viens de parler, à la fin de février 1867, l'abbé Vollot s'alita pour ne plus se relever. Mgr Darboy voulut le voir sur son lit de douleur. Mgr Thomas, évêque de la Rochelle, avait précédé l'archevêque de Paris. Mgr Foulon, évêque de Nancy, qui avait souhaité faire de lui un professeur de rhétorique, lorsqu'il était supérieur du Petit Séminaire de Notre-Dame des Champs, lui fit également visite.

Le 26 mars tout était fini! « Une jeune vie qui semblait préparée par la science, disait quelque temps après Mgr Maret, doyen de la Faculté de Théologie, a pris fin prématurément : une de nos chères espérances nous a trompés. A la fleur de son âge, dans la fraîcheur d'un talent élevé, et dont la solidité ne faisait rien perdre à la grâce, M. l'abbé Vollot a été enlevé à un père respectable, à une famille honorable, à la Faculté, qui était devenue sa seconde famille. L'année dernière, j'annonçais que le jeune professeur signalerait son passage parmi nous par d'utiles travaux : je n'ai à vous offrir cette année que des regrets et des larmes. Dieu nous avait donné ce pieux, ce charmant jeune homme; que son saint nom soit béni. Cette âme pure n'avait connu qu'une seule passion : celle de la vérité. Il a été la chercher et la contempler à sa source. Il la possède, cette vérité, il en jouit. Que cette pensée soit la consolation de son père et de ses amis. »

Ni vous, cher monsieur, ni vos lecteurs ne m'en voudrez, j'espère, d'avoir fait revivre, un instant, ce distingué et sympathique étudiant de Tubingue.

R. T.

III

L'AMI ET LE PRÊTRE

III

Capriata d'Orba (Italie), 11 septembre 1897.

Cher monsieur De Soye,

J'ai un peu abrégé ma seconde lettre, c'est
que je ne voulais pas trop envahir la *Semaine*
et ennuyer vos lecteurs. Vous m'écrivez que
je puis les intéresser encore en leur parlant
de l'abbé Vollot. Je me laisse persuader (il
est si doux de parler d'un ami); mais, cette
fois, je ne parlerai plus de l'étudiant de Tubingue, ni du professeur de Sorbonne, mais
seulement de l'ami et du prêtre. Ma lettre

d'aujourd'hui sera comme un *postscriptum* des deux premières.

D'abord, une circonstance de sa vie qui fera connaître, une fois de plus, son mérite et sa modestie. Il poussait jusqu'au scrupule la crainte de paraître rechercher la louange. Au début de l'année 1866, la reine Marie-Amélie, qui avait connu le père de l'abbé Vollot comme professeur de ses enfants, fit inviter le fils à venir prêcher la retraite pascale devant sa famille réunie à Claremont, près Londres, pendant la Semaine sainte. Ce ne fut qu'à son corps défendant qu'il accepta cet honneur. Ce jeune Bourdaloue de vingt-huit ans composa les discours qu'il devait prononcer devant un auditoire de princes, de manière à s'effacer complètement. Il voulait qu'on oubliât l'orateur pour ne penser qu'à la vérité qu'il annonçait. Le jour même de son départ, j'allai lui faire mes adieux et le trouvai relisant ses sermons, la plume à la main : « J'efface, me dit-il avec simplicité, tout ce qui pourrait produire un trop grand effet. » Il savait, du reste, que la reine aimait la parole de Dieu et la voulait aussi simple et aussi familière que possible.

Ces discours, il ne les prononça pas tels qu'il les avait composés. Il dut improviser une seconde retraite à laquelle n'assista pas la reine pour laquelle avait été préparée la première. Arrivé à Claremont le vendredi soir d'avant les Rameaux, on vint le samedi, vers 10 heures du matin, le prendre pour le présenter à Sa Majesté; mais il n'était pas à mi-chemin qu'un second messager, les larmes aux yeux, vint lui annoncer que la reine était morte. L'historien de Marie-Amélie fait allusion à cette triste et funèbre circonstance (1).

(1) « La force me manque pour peindre ce qui se passa autour de son lit, où vingt personnes agenouillées, enfants, petits-enfants, serviteurs, confondaient leurs larmes et leurs sanglots. Sur ce même lit, quelques heures après sa mort, l'auguste défunte reposait, vêtue conformément à sa volonté dernière, de la robe noire dans laquelle, le 24 février 1848, elle avait quitté le palais des Tuileries. J'en appelle au souvenir de tous ceux qui,

Voici comment l'abbé Vollot la raconte :

« Je descendis à Claremont, vendredi soir, à 9 heures 1/4, par un effroyable ouragan. Le lendemain matin, à 10 heures 1/2, la reine rendit, en dormant, le dernier soupir. Elle était enrhumée et souffrante depuis la veille, mais on n'avait aucune inquiétude; voilà si longtemps qu'elle n'était plus qu'une ombre, un souffle! Vers 9 heures du matin, on s'aperçut que ses lèvres se décomposaient et on remarqua dans les membres, pendant le sommeil, une certaine agitation ; mais on ne com-

comme moi, la virent alors, pour dire si, dans les premiers moments qui suivirent sa mort, ses traits n'avaient pas pris une expression de beauté surnaturelle.

« Elle demeura ainsi exposée pendant trois jours. Ainsi la vit le duc Philippe de Wurtemberg, qui, la joie dans le cœur, arrivait d'Allemagne pour présenter à son aïeule sa jeune et charmante épouse. Ainsi la vit la reine Victoria, venue de Windsor... *Ainsi la vit et apprit à la connaître le jeune abbé Vollot, prêtre si éminent et sitôt enlevé à l'Eglise, qui avait été appelé de France pour parler devant la reine et qui ne put que nous parler d'elle dans ses émouvantes instructions de la semaine sainte.* » (*Vie de la reine Marie-Amélie*, par Trognon, p. 490-915).

prit ce qui se passait qu'au dernier instant. On eut à peine le temps de commencer l'Extrême-Onction, il fallut l'interrompre pour le *De Profundis*. Vous savez ce qu'était la reine : c'était la piété, la grâce, la bonté même. Elle avait très peur de la mort; Dieu lui en a évité les angoisses. Elle s'est réveillée dans l'autre monde. »

Toute la famille était réunie au grand complet : comte de Paris, duc de Chartres, duc de Nemours, prince de Joinville, duc de Montpensier, duc d'Aumale, etc. Quel auditoire! L'abbé Vollot, prié d'assister aux funérailles, resta dix jours au milieu de ces tristessses et de ces deuils. Il aurait voulu se taire et laisser la parole à Dieu, mais on lui demanda que la retraite se fît comme à l'ordinaire. « Je n'ai point imité Bossuet, écrit-il à un ami, je n'ai point fait de phrases solennelles. » Il n'en dut être que plus éloquent. Bossuet, d'ailleurs, ne savait-il pas être sublime sans cesser d'être simple?

« J'ai prêché la retraite, dit-il à un autre ami,

à cette pauvre famille désolée. Jamais je ne
me suis senti plus à mon aise; j'ai parlé de
la mort, de la sépulture, de la résurrection,
du ciel. Je m'étais proposé d'être simple, je
l'ai été mille fois plus encore que je n'avais
résolu. » Il ajoute un détail qui, pour être
bien rétrospectif, n'en fait pas moins honneur
à la piété de la famille d'Orléans : « L'entou-
rage intime de la reine était très pieux. Jeudi
(le jeudi saint), toute la famille au grand complet, princes et princesses, ont fait leurs
pâques à l'ordinaire. » On peut ne pas
approuver la politique suivie, alors encore,
par la famille de Louis-Philippe, il n'en faut
pas moins admirer, avec respect, cette manière de pratiquer la religion dans son grand
devoir pascal.

L'abbé Vollot était donc humble et modeste,
quoique fier par nature; il était aussi aimable
et bon. « Avez-vous pris la résolution, écrit-il,
d'être de plus en plus aimable? C'est une résolution qu'on peut prendre *semper et ubi-*

que (1), et, quelque avancé qu'on soit sur la route, il reste encore immensément à parcourir. C'est dire qu'il est immense le chemin de la bonté! Saint Augustin doit dire cela quelque part, et même donner l'explication du phénomène: *Deus caritas!* » Et chez lui, ce n'était pas une bonté platonique, s'il est permis de parler ainsi, une bonté banale, il souffrait quand on manquait de charité devant lui, et voici comment il s'en expliquait avec un ami, d'ordinaire bienveillant, qui, sans doute, était sorti de son naturel devant lui : « Mon cher ami, je vous conjure désormais de ne plus me parler du prochain que pour en faire l'éloge, n'attirez pas mon attention sur les choses que je veux ignorer et oublier. Ce que je vois tous les jours me dégoûte. Il faut que je ferme les yeux et que je me persuade, autant que possible, que tout est comme je le voudrais. Ne me dites donc rien qui me force à revenir sur

(1) Partout et toujours.

ce qui m'attriste. Plus vos remarques sont vraies, plus elles portent coup dans mon âme. Mon bonheur serait d'aimer, et, de toutes parts, je me sens heurté, froissé, contrarié dans mes aspirations; ceci aurait de quoi me faire misanthrope, si d'abord je ne sentais en moi toutes ces misères qui m'attristent dans autrui, et si, de plus, je n'attendais, pour vivre enfin, la vie du ciel. »

On pressent, par ce que je viens de dire, quel ami était l'abbé Vollot. Sur ce chapitre de l'amitié, il se révèle tout entier dans sa correspondance. Il faudrait citer des pages et des pages. Mais aussi quel bel idéal il avait de l'amitié, qu'il voulait toujours chrétienne! Lisez plutôt :

« Vous connaissez le tableau célèbre de sainte Monique et de saint Augustin. C'est pour moi le type de l'amitié chrétienne. Ces deux mains qui se rencontrent, ces yeux qui cherchent, et trouvent, et voient ensemble... Nos âmes sont sœurs, elles volent à côté l'une de l'autre vers le ciel où elles aspirent. Et qui les arrêtera dans leur vol? *Quis nos separabit à caritate Christi* (1)? » Dans une autre lettre, il donne le secret, en quelque sorte, de l'amitié entre chrétiens : « C'est la participation de Notre-Seigneur à nos amitiés. Nous ne pouvons être deux sans être trois, car le tiers est toujours là, c'est Notre-Seigneur, qui nous bénit et qui a fait nos cœurs l'un pour l'autre, qui nous dit tout bas : « Aimez-« vous dans ma charité. C'est la loi, c'est le « bonheur, c'est l'avant-goût du ciel. »

L'amitié entre prêtres, pour l'abbé Vollot, doit être la meilleure, la plus forte, la plus sainte, la plus féconde pour le bien des âmes. A un prêtre, son aîné, qui fut un de ses plus intimes amis, il écrit : « *Amicitia pares aut accipit aut facit* (2), disaient les anciens. Vous avez voulu que cela fût vrai, je vous en remercie... Vous m'aimez comme un père,

(1) Qui nous séparera de la charité du Christ?
(2) L'amitié suppose l'égalité ou la produit.

comme une mère, comme un frère, et surtout vous m'aimez en prêtre. Oh! ce mot-là est tout : vous m'aimez avec le cœur de Jésus-Christ. Quel abîme, quel océan! Le monde ne sait pas ce que c'est, mais nous le savons, nous nous en doutons du moins, nous qui, jusqu'à la fin des siècles, en dépit de ceux qui nous méprisent et nous calomnient, garderons fièrement et humblement parmi les hommes le privilège d'aimer plus qu'eux tous. »

Pour l'abbé Vollot, le sacerdoce venait, en quelque sorte, donner à l'amitié sa perfection et toute son étendue. « Je puis vous assurer, écrit-il à un ami, encore élève à Saint-Sulpice, que je vous connais bon et mauvais. Cher ami, vous avez une bonne âme, ardente et généreuse, vous êtes dévoué sans le savoir, héroïque en affection sans vous en douter. Si je ne m'attachais pas à vous de plus en plus, par les liens d'une charité toute chrétienne, je serais un ingrat, un misérable. Il y en a bien peu qui m'aiment comme vous m'aimez. Il y en a peu aussi que j'aime comme je vous aime. D'autres ont pour moi une amitié plus sereine et plus je ne sais quoi; mais pour la vivacité, la constance, *l'équabilité* de votre sympathie, vous n'êtes dépassé par personne. O cher ami, que je l'aime votre chère âme! Que je l'aimerai surtout quand la grâce aura *achevé de la parer et de l'embellir pour le festin nuptial du sacerdoce!*... J'aime les gens de flamme, parce que le nombre en est petit, voilà pourquoi je suis à vous et vous serai ce que vous savez. »

Cet ami si tendrement et si délicatement dévoué ne connaissait ni les illusions ni les faiblesses si fréquentes dans les amitiés ordinaires. Il était à la fois clairvoyant et courageux. Il remarquait les défauts de ses amis et il osait les signaler. Il donnait, avec l'autorité de la vertu et de la piété, des conseils et des encouragements, et, quand il le fallait, des consolations; mais, ce qui, selon moi, est une des plus grandes marques d'affection, il n'hésitait point, au besoin, à faire de vives observations, tant il aurait voulu que ses amis, surtout les plus intimes, fussent parfaits. Mais ces *monitions*, comme on les appelle à Saint-Sulpice, pour vives qu'elles fussent, étaient toujours tempérées et adoucies par la tendresse et la charité. « Vous vous indignez, écrivait-il à un de ses meilleurs amis après ce qu'il appelait un de ses sermons, eh bien, je souffre de vous dire ces choses. Vous voyez qu'il faut vous aimer beaucoup pour vous parler ainsi. Mon cher ami, imposez-vous les sacrifices que vous savez, vous serez mille fois récompensé et il n'y aura plus de nuage entre nous. Malgré mon sermon, croyez à ma tendresse! » Comment être fâché d'admonestations fraternelles qui étaient un gage d'amitié! Celui qui fut l'objet de ces tendres et austères avis n'a eu qu'un regret, celui d'en avoir été trop tôt privé. Ils ont manqué à sa vie. Il est de ceux

qui ont vérifié cette belle parole du P. Lacordaire : « L'amitié n'est si divine que parce
qu'elle donne le droit de dire la vérité aux
hommes qui la disent si peu et l'entendent
si rarement ».

Est-il nécessaire, après ces traits, d'ajouter
que l'amitié de l'abbé Vollot n'était point
banale? Certes, il eut de nombreuses relations,
et nombreux étaient ceux qui s'attachèrent
à lui, car le connaître c'était l'aimer. Son
cœur se donnait largement à ceux qui lui
étaient dévoués, mais si tous en eurent une
large part, très peu, quatre ou cinq seulement l'eurent en entier. Parmi ces derniers,
il en est un pour lequel il eut la double tendresse d'un fils et d'un ami.

A celui-là il écrivait : « Nous sommes
quatre cœurs unis ensemble, à des titres et à
des degrés divers. Ce sont les compagnons
de route que Jésus m'a donnés. Oh! les chers
amis, ils me consolent de tout. Vous êtes là,
au milieu d'eux, comme un jeune patriarche

— *res fere dissociabiles* — (1) ou comme un maître de chœur qui dirige et examine l'orchestre. »

Toujours aimable et bon, nous le répétons, il n'était cependant pas de ceux qui préfèrent également tout le monde.

Autre aspect de cette nature. On aurait surpris ceux qui ne vécurent pas dans la société de l'abbé Vollot, en leur révélant que ce jeune prêtre toujours souriant était, au fond, triste et mélancolique. « Le fond de mon caractère, écrivait-il lui-même, est une mélancolie persévérante, dissimulée, en public, par certaines habitudes de gaieté factice. » Mais cette mélancolie et cette tristesse, il ne la laissait voir qu'aux intimes. Bien plus, cet homme que nous avons montré toujours bienveillant et charitable, était par caractère un *ironique*, et, s'il ne faisait pas sentir son esprit acerbe et prompt à la raillerie, à la critique et même

(1) Choses presque incompatibles.

à la satire, c'était par vertu chrétienne; et en cela, il avait d'autant plus de mérite, que sa conversation spontanée, vive et toute parisienne, était un véritable feu d'artifice. Retenir un trait au bout de la langue ou de la plume, quand on est pétri d'esprit, quelle chose difficile! L'abbé Vollot s'y appliqua constamment, mais dans sa correspondance et conversations intimes, il n'y réussit pas toujours. Il imitait saint François de Sales, qui travailla un temps infini à réprimer son penchant à la colère, et *acquit* la douceur, qui lui devint comme naturelle.

Au reste, lui-même prenait le saint évêque de Genève comme modèle, et voici comment il s'en explique avec M. Laroche : « Je ne puis empêcher mon cœur d'être heurté, froissé, blessé de mille manières. Mais que rien n'en paraisse au dehors, que les paroles, les regards, les manières, ne s'en ressentent jamais! C'est l'idéal que je voudrais atteindre. Amasser goutte à goutte, comme saint François de Sales, cettte liqueur intérieure qui s'appelle la paix : se plaire avec tous, accueillir tout le monde, quoi qu'il en coûte au dedans : à toute heure, à tout instant, en toute occasion, offrir et présenter le même visage et le même cœur : *hoc opus, hic labor!* Que je vous remercie donc de m'avoir encouragé dans le chemin royal de là charité! »

Mais, jusqu'à la fin de sa vie, M. Vollot eut peine à se contenir devant l'intrigue, l'ambition, le manque de franchise et de sincérité : « Jurons, écrivait-il à un de ses amis, haine éternelle à la *ficelle*, bien qu'elle soit reine de ce monde. Je suis dégoûté de la vie. Je m'en détache tellement, qu'il me semble, par instants, que Dieu me prépare à la quitter. Je suis fatigué de tout, de moi, d'autrui, de ce que je vois, de ce que je prévois, de la science des uns, de l'ignorance des autres, de la vanité de tous. Je n'aime que quelques amis. » Ces lignes, écrites un an avant sa mort, disent qu'elles auraient été souvent les dispositions dc ce caractère, si la grâce n'était venue corriger la nature. Par elle, ce qui était un dégoût des hommes et des choses de la terre devenait une vive aspiration vers la patrie céleste (1).

On devine quelle affection l'abbé Vollot avait pour sa famille. Ses lettres à ses deux sœurs sont de purs chefs-d'œuvre de tendresse délicate et attentive (2). Mais s'il aime sa famille et ses amis, quel sera son amour pour l'Eglise! Le Christ et l'Eglise étaient le tout de sa vie surnaturelle. Il leur a consacré sa vie sans réserve et sans retour. « Je suis à Lui, répète-t-il, et rien ne pourra me ravir à Lui; mais je voudrais l'aimer, et, lorsque j'aurai cet amour, le répandre sur toutes les

(1) Dans une autre circonstance, il écrivait à un autre ami : « S'il faut vous dire tout ce que je suis, j'ai de la terre un immense dégoût, j'y suis littéralement comme un exilé. Ce sentiment me suit partout. »

(2) Je ne pensais pas à ce moment à écrire une quatrième lettre où je montrerais l'abbé Vollot dans sa correspondance avec sa famille.

âmes désolées, qui languissent et qui meurent dans l'indifférence et le doute. »

Même pensée dans une autre lettre : « Je n'ai guère que deux idées, l'Eglise et Jésus-Christ Notre-Seigneur. La seconde n'est pas encore assez dominante en moi : elle est, hélas! bien loin de l'être, et c'est pourquoi je souffre. La première est mon idée fixe, elle me donne une invincible fierté jusque dans mes plus grandes misères, et, cette fierté, j'ai besoin de la répandre. »

A la fin de 1859, il écrit à sa sœur aînée (1), à la veille d'une ordination : « J'épouserai Celui qui est seul Aimable, seul Riche, seul Puissant. Et, à cette heure où les nations frémissent contre le Christ et son Eglise, il fait bon de se sentir attaché au service du Roi des siècles, esclave et soldat de la plus grande des causes, et non seulement passager, mais mousse dès aujourd'hui, demain nautonier

(1) Mlle Agathe Vollot, mariée à M. Defranc, avoué à Dijon.

du vaisseau qui ne doit pas périr. As-tu remarqué combien les épreuves de ces derniers temps ont manifesté à tous les yeux la vie et la puissance de l'Eglise? Il ne s'agit que de retrancher au Souverain-Pontife quelques lieues carrées, et à cette seule pensée l'univers s'émeut et tremble; la Vérité seule a l'honneur d'exciter de tels orages. Nous sommes bien forts et nous sommes bien grands : bien forts parce que nous sommes faibles, bien grands parce que nous sommes humbles comme des roseaux; mais ces roseaux bravent les siècles. »

Ces sentiments, il les manifeste encore sous une forme nouvelle, dans sa lettre du 19 décembre 1859, à M. Laroche : « C'était l'ordination ce matin. J'en ai vu une grande partie. J'ai vu des sous-diacres et des prêtres qui tremblaient comme la feuille, d'autres qui pleurent encore.... Ces émotions seront les miennes, et déjà je les ressens à l'avance. Que de grâces ont été épanchées, ce matin, et que ces âmes étaient belles!... Oui j'ai demandé à Dieu de me faire participer à ces grâces. Il faut que chaque ordination ne soit que la consommation de plus en plus parfaite du sacrifice que je fais dès maintenant. Je suis à Dieu et à l'Eglise. *Dirupisti vincula mea* (1). C'est à présent le sacrifice du matin; mais le milieu du jour viendra bientôt, l'heure à laquelle on immole la victime choisie. Demandez à Dieu qu'elle soit prête, purifiée de toutes ses souillures et couronnée de fleurs... » Quelle admirable préparation au sacerdoce!

Il n'y a, dans les *Souvenirs* de l'abbé Vollot, si je ne me trompe, qu'une lettre où il parle de son ordination et de sa première messe, chantée à l'église Saint-Sulpice, le 23 décembre 1862. Cette lettre est adressée à M. Laroche. Je cite : « Cher père, frère et ami, je vous écris ces quelques mots avant de partir pour les premières vêpres et matines

(1) « O Dieu, vous avez brisé mes chaînes. »

de Noël. Demain, vous serez heureux : vous vous croirez au ciel et vous penserez à moi, bien que je sois encore sur la terre. J'irai dire la messe de minuit dans ma paroisse, à l'Orphelinat des Sœurs de Charité, au milieu de toute ma famille, y compris ma petite nièce, pour qui je prierai tout spécialement (1). N'est-ce pas la fête des enfants? Quels jours que ceux qui viennent de s'écouler! Il me semble que j'ai fait un rêve, et cependant c'est bien vrai : *Sacerdos in æternum!* J'ai joui en jaloux de ces premières joies, je n'en ai parlé à personne. J'ai fermé la porte avec un sentiment d'égoïsme inexprimable... Je suis donc prêtre, et je porte sur mes épaules le poids du monde entier, comme dit M. Olier. Il me semblait, dimanche dernier, en chantant la grand'messe, que j'avais des peuples entiers derrière moi, et que je dominais toute la terre, comme Notre-Seigneur du haut de

(1) Mlle Marie Falateuf, aujourd'hui Mme Max Thomas.

sa croix. Aussi, je puis bien élever la sainte hostie avec fierté et confiance, car elle pousse vers le ciel, entre mes mains, ce cri puissant qui suffirait à sauver toutes les âmes, si les âmes voulaient être sauvées. Mais, hélas! quelle humiliation de se sentir si petit devant tant de grandeur, de porter dans son cœur de telles misères quand on parle et qu'on agit au nom de Dieu... Je vous assure que je suis bien heureux et bien humilié ». (1)

Il faut mettre un terme à cette lettre et à ces citations! Vous me permettrez pourtant de transcrire encore quelques lignes. Elles semblent, de prime-abord, étrangères au sujet, elles s'y rapportent cependant, car elles sont un hommage que le jeune abbé Vollot rend à la mémoire de ce saint et éminent prêtre auquel il fut si souvent comparé,

____

(1) On trouvera en appendice, à la fin de ce volume, trois pièces de vers français écrites à un ami, la veille du sous-diaconat et de la prêtrise, et à Mgr Baudry, évêque de Périgueux, la veille de son sacre, où l'abbé Vollot exprime en langage poétique les mêmes sentiments.

et qui fut M. l'abbé Perreyve. La lettre d'où elles sont extraites, datée d'Allemagne (juin 1865) est adressée à M. Gardey, aujourd'hui vicaire général et curé de Sainte-Clotilde, alors vicaire à Saint-Thomas d'Aquin (1).

« J'ai appris hier soir, par quelques lignes bien froides du *Monde*, la mort de l'abbé Perreyve. Nous ne pouvions pas faire, en ce moment, et, dans un certain sens, une perte plus irréparable. Sans doute, il n'y a pas d'hommes nécessaires, surtout dans l'Eglise à qui Dieu suffit, mais il y en a de bien utiles et de bien aimables. Si l'abbé Perreyve n'avait été qu'un homme de talent, on le regretterait moins amèrement. Nous ne manquons pas aujourd'hui de beaux diseurs. Mais il y avait en lui des convictions, une ardeur et, en même temps, une simplicité, je ne sais quelle virginité dans sa foi qui était la plus grande de ses forces, et que ses imitateurs ne

(1) L'abbé de Cabanoux, aujourd'hui curé de cette paroisse, remplaça M. Vollot comme vicaire.

nous rendront jamais. Son malheur a été d'être l'abbé Perreyve et d'épuiser trop tôt, non pas son zèle, mais ses moyens d'action, ses succès et lui-même. Faut-il l'en blâmer? Assurément non. Il entrait, sans doute, dans les desseins de la Providence qui s'était fait de lui un gracieux apôtre, d'attacher à sa jeunesse, et peut-être à sa mort, une bénédiction spéciale... Je vous serais très reconnaissant, mon cher ami, de vouloir bien m'envoyer, ou du moins de mettre de côté pour moi, si c'est trop considérable, ce qui paraîtra d'intéressant dans les journaux à l'occasion de cette mort. Peut-être enverrai-je quelques mots à une feuille allemande... »

Puissent ces pages que vous m'avez demandées, cher Monsieur, ne pas déplaire à vos lecteurs, et être un sujet d'édification et d'encouragement pour quelque séminariste de Saint-Sulpice et de Notre-Dame des Champs! C'est mon souhait en vous serrant la main.   R. T.

IV

CORRESPONDANCE AVEC LA FAMILLE
PATRIOTISME

IV

Vichy, 20 septembre 1897 (1).

Cher monsieur,

Vous avez raison, une quatrième lettre ou un deuxième *postscriptum* est nécessaire pour faire connaitre l'abbé Vollot. Il faut ajouter quelques traits à l'esquisse déjà tracée, pour que la ressemblance soit plus parfaite. Il faut le montrer dans sa correspondance avec sa famille et dans la manifestation de ses sentiments pour son pays, afin de le mieux apprécier et aimer davantage.

(1) Cette lettre n'a pas été insérée dans la *Semaine Religieuse.*

Peu de lettres de l'abbé à son père figurent dans le livre des *Souvenirs*. On aurait pu cependant les multiplier, car, fils respectueux et attentif, il écrivait régulièrement, quand il était éloigné de son père, et, dans ses voyages, sa première lettre était pour lui. « Ma première lettre, écrit-il à sa sœur, en arrivant aux Pyrénées, en 1859, a été comme de juste pour le logis paternel. La seconde, en conscience, t'est due, et voici qu'elle part. » M. Vollot comprenait l'autorité paternelle à l'ancienne mode, et ce n'était pas la plus mauvaise; aussi attendait-il de ses enfants plus de déférence respectueuse que d'affection expansive. « Mon père, écrivait son fils à M. Hogan, admirable de dévouement pour nous tous, n'a cependant jamais eu de ma part qu'un abandon très restreint. » Et cependant combien il aimait ce fils, et combien il était fier de lui! Cette fierté, il la dissimulait mal, et certes il était excusable. Quel père oserait lui jeter la pierre?

Trop bon chrétien pour s'opposer à la résolution de son fils de quitter le monde, il est permis de croire qu'en secret et devant ses intimes, il dut, plus d'une fois, dire son regret de le perdre. Il consentit à l'entrée au séminaire, mais il ne donna pas d'emblée la permission de revêtir l'habit ecclésiastique. Aussi, le jeune séminariste épie-t-il, non sans impatience, l'heure où cette permission lui sera donnée. « Tâche de savoir de papa, mande-t-il à sa sœur Caroline, si tu penses pouvoir le faire, s'il serait disposé à me laisser prendre la soutane d'ici peu de temps; je le désirerais bien et je ne désespère pas. Néanmoins, ne te compromets pas et attendons encore, s'il le faut. »

Lorsque le premier sacrifice fut fait, et qu'il eut donné son enfant préféré au clergé séculier, M. Vollot redouta longtemps d'avoir à en faire un second, plus pénible encore, en le laissant entrer dans une communauté religieuse telle que Saint-Sulpice ou l'Ora-

toire (1); aussi n'avait-il qu'une confiance limi-
tée dans les amis de son fils qu'il supposait
capables de l'engager dans cette voie. Quelquefois, quand il fut prêtre, il lui arriva de se
plaindre de ce que son fils n'était pas « ambitieux ». Ces regrets et appréhensions, il eût
été désolé que l'abbé pût les deviner; mais

(1) Cette crainte n'était pas chimérique, elle était
même plus fondée que M. Vollot ne le soupçonnait.
Je trouve, en effet, dans une lettre écrite de Bagnères-de-
Bigorre, au mois d'août 1862, que l'idée d'entrer dans la
vie religieuse s'était présentée à son fils et qu'il l'étudiait
devant Dieu : « Mon père m'écrivait que sa vieillesse ne
reposait désormais que sur moi; et que, cet appui venant
à lui manquer, ce serait pour lui une tristesse et une
solitude mortelles. Je sais bien que les saints ont su
briser violemment, quand la voix de Dieu se faisait
entendre, les liens les plus tendres et les plus doux.
Je crois qu'avec l'aide de Dieu, s'il m'était démontré
que je dois le faire, je le ferais sans hésiter. Mais je
n'ose prononcer ni envisager les suites d'une décision
affirmative. En attendant je prie et me tiens prêt à tout.
La sainte Vierge a pris en main cette affaire que je lui
ai confiée. Je l'ai beaucoup priée à Lourdes, avec une
grande joie intérieure. Je ne pouvais m'arracher de ses
pieds. Cette prière aura, je crois, une grande influence
sur ma vie. » Dans une autre lettre je lis : « J'ai pensé
encore à l'Oratoire. Il me faudrait, je crois, une vie de
prière et d'étude... »

celui-ci en eut les échos. Il ne se plaignit point, par respect filial, mais se fit une règle de ne pas dire tous ses projets à sa famille.

Ces légers nuages n'empêchaient pas le bonheur de cet intérieur charmant, dont ceux qui y furent admis ont conservé le doux souvenir. Quelques jours avant de quitter le grand séminaire, en décembre 1862, au moment de voir se disperser ses amis, qui étaient le grand charme de sa vie, l'abbé fait part à son père du chagrin que lui causent ces séparations nécessaires, puis il ajoute : « Mais je suis bien assuré, du moins, d'avoir auprès de vous un intérieur agréable; et tous, en quittant le séminaire, n'ont pas ce bonheur. Les premières années du ministère, si pénibles pour beaucoup, me seront extrêmement douces. J'éprouve souvent le besoin d'en bénir la Providence et vous, qui vous confondez un peu avec elle, quand il s'agit de mon bonheur temporel et des agréments de mon existence. »

5.

C'est assez dire que le père de l'abbé Vollot ne comptait pas avec son fils et qu'il s'associait largement à ses œuvres. « Mon père, écrivait-il à M. Laroche, m'a toujours accordé ce que je lui demandais en ce genre, et je suis heureux, lorsque je fais quelque chose, de le faire à deux. »

L'abbé Vollot ne fut jamais séparé de sa mère, il ne fut donc pas en relation épistolaire avec elle. C'est à regretter. Quel charme n'eût pas eu sa correspondance! Mais si le livre des *Souvenirs* ne renferme pas de lettres adressées à Mme Vollot, on peut dire qu'il est tout rempli de son nom. Sans cesse il est question d'elle dans ses lettres à son père, à ses sœurs et même aux amis : son nom et sa pensée dominent toute sa vie. Vivante, elle eut une grande part dans la formation religieuse, intellectuelle et morale de son fils; morte, elle continua à être son « ange gardien. »

L'abbé lui attribue ce qu'il y a de meilleur en lui, et c'est d'elle qu'il disait ténir le fond de mélancolie et de rêverie qui était dans son caractère!

Sa vénération pour elle était sans mesure, et son souvenir lui était toujours présent. Il ne se passait pas de jour où il ne priât pour elle. Chaque année, il assistait à la messe et communiait, le jour anniversaire de sa mort, le 7 novembre, et à la fête de sainte Madeleine, sa patronne. Quand il fut prêtre, il célébra toujours la messe en cette double circonstance; et, si la maladie le privait de cette consolation, il voulait qu'un ami la célébrât à sa place. Il souhaitait voir ses intimes partager son culte pour elle et il aimait à les amener à sa tombe avec lui, afin que sa mère les bénît comme elle bénissait ses enfants (1). « Elle

(1) Une pièce de vers intitulée : *A un ami*, et qui paraît avoir été dédiée à M. Laroche, nous apprend qu'il alla visiter cette tombe le jour même où il entra au séminaire d'Issy. Il avait voulu faire bénir, une fois encore,

prie pour vous qui avez voulu prier pour elle, écrivait-il à un de ses meilleurs amis, et je lui demande de vouloir bien vous bénir vous aussi, comme elle bénit son fils et tous les siens. »

Il L'abbé Vollot se disait redevable à sa mère, non seulement du bonheur de sa vie, mais

par sa mère, sa grande résolution de quitter le monde. Je ne puis m'empêcher de citer ici quelques strophes :

Ami, te souvient-il d'une pâle soirée
Que novembre éclairait d'un soleil sans vigueur?
Sur les arbres tremblait un reste de feuillée,
Pleurant des jours d'été la mourante chaleur.

Avec les miens en deuil, dans le froid cimetière,
Je venais de prier, enfant, sur le tombeau
Où dort, sous l'œil de Dieu, celle qui fut ma mère,
Attendant le soleil et le printemps nouveau;

Je venais d'y prier et d'y prendre courage...
Et fier, et confiant, timide toutefois,
De la maison de Dieu, pour y braver l'orage,
Je vins heurter le seuil qui s'ouvrit à ma voix.

Il s'ouvrit. Au dedans tout me sembla paisible :
Les jardins s'étendaient au loin, remplis de paix;
C'était un grand silence, un calme indescriptible,
Ce calme des lieux saints qu'on écoute à jamais...

encore de sa vocation. Sans doute il s'était
promis, au jour de sa première communion,
de devenir prêtre, mais cette promesse il
l'aurait peut-être oubliée! « O ma mère, écrivait-il, vous m'avez donné deux fois la vie.
Vous m'avez mis au monde, il y a dix-huit
ans, et c'est votre mort qui m'a rendu à
Dieu. Insensé que j'étais, séduit par les illusions de la terre, j'allais peut-être oublier
mes promesses! » — « Je suis sûr, écrit-il
à sa sœur Caroline, que maman a prié pour
moi. Maman et toi, vous avez été mes anges
gardiens. Merci, merci! Ce que je te dis là,
je ne l'ai jamais dit qu'à toi. Comme toi, je
suis peu communicatif. Mais je suis heureux
que mon cœur ait débordé; cela fait du
bien. »

Sa foi vive et sa piété filiale et chrétienne
lui montraient le monde des âmes en contact
avec le monde de la terre où nous vivons.
« Nous ne comprenons pas assez, répétait-
il, ce que peut être, dans la vie bienheureuse,

la présence réelle des âmes, soit entre elles, soit entre les âmes qui leur sont chères (1). » Pour lui, il était si convaincu de cette présence, réelle, quoique invisible, qu'il vivait, priait et travaillait sous le regard de sa mère. « Je vois avec peine, écrit-il à sa sœur Caroline, quelques mois après la mort de leur mère, que tu es triste. Je voudrais être près de toi pour te consoler. Je prie avec toi. Et celle que nous pleurons entend nos

(1) En juin 1860, Mme Defranc perdit un petit enfant, Louis-Bernard, qui, « né le dimanche de *Lætare*, s'envola au ciel le jour de l'Ascension ». Aux lettres de condoléances tendres et affectueuses qu'il lui écrivit à cette occasion, il joignit plus tard une touchante élégie dans laquelle il fait parler l'ange envolé, pour consoler les parents, répétant en beaux vers les pensées qu'il a déjà exprimées si bien en prose :

Nous sommes plus voisins que l'homme ne le pense :
Il n'est point de frontière entre la terre et nous.
Entre vous et nos cœurs il n'est point de distance;
Dans sa vaste unité Dieu nous rapproche tous.

Non, vous n'êtes pas seuls. Nos phalanges légères
Autour de vos foyers flottent pour vous bénir...
Nous comptons vos soupirs, vos pleurs et vos prières,
Et nous les recueillons dans l'or et le saphir.

prières, bien sûr. Elle est heureuse, car elle est au ciel. Elle voit que nous pensons à elle. Pour moi, il me semble que je ressens sa douce influence. Elle a prié pour moi, car je suis plus tranquille et j'aime Dieu d'un plus vif amour. »

A trois ans de distance, même circonstance, mêmes sentiments. « Nous nous unissons dans le souvenir de notre mère. O ma chère Caroline, comme elle doit être heureuse de notre bonheur! Pour moi, j'imagine souvent qu'elle vient dans ma petite cellule, et qu'elle me parle doucement, de sa voix si tendre, des splendeurs du ciel et des amabilités de notre Dieu. Quand je m'attriste, elle m'encourage et me rappelle que je vis encore aux jours de combat, que la couronne est loin, que je suis encore l'athlète dont parle saint Paul. Vois-tu, je ne t'ai jamais tant aimée, et si je t'aime si fort, c'est que je retrouve en toi quelque chose qui était en elle. »

Ces derniers mots révèlent la raison intime et profonde de la nuance d'affection plus vive qu'il avait pour sa sœur cadette et de la confiance absolue qu'il avait en elle. Certes, il aimait ses deux sœurs, et toutes les deux lui étaient également dévouées, mais l'aînée, Agathe (Mme Defranc), née d'un premier mariage, n'avait pas *ce quelque chose qui était en sa mère.* Il n'y avait pas entre eux, au même degré, cette influence du sang qui, pour être mystérieuse, n'en est pas moins réelle. Quand il s'agissait d'affection et de reconnaissance, sa mère et sa sœur Caroline s'identifiaient dans son cœur. « Quand j'étais jeune, écrivait-il à M. Hogan, mes affections étaient ma sœur et ma mère. La mort m'enleva ma mère; le mariage de ma sœur, il y a trois ans, me porta un second coup; habitué à puiser largement dans des sources dont j'avais le monopole, je dus me contenter d'une eau moins abondante et je sentis, sans les avouer jamais, les tortures de la soif. »

Encore un trait qui fait mieux saisir la cause et l'étendue de cette extraordinaire amitié fraternelle : « Pour moi, dit-il encore à sa sœur Caroline, je t'ai fait ma profession de foi. Tu as été pour moi plus qu'une sœur, tu as été, pendant trois ans, presque une mère. Mon affection, je le sais, n'arrivera jamais à égaler la tienne. Mais tu comprends bien que mon dévouement t'est assuré pour toujours. »

Mᵐᵉ Falateuf, de son côté, retrouvait dans son frère les qualités morales de sa mère, et c'était pour elle un motif de confiance absolue et de spéciale affection. « Vous avez raison de le dire, manda-t-elle à un intime ami de son frère, il y avait entre ce fils et cette mère de merveilleuses ressemblances, un mélange d'énergie et de douceur, une tendresse et une piété de cœur que je n'ai jamais retrouvées en personne; et, par-dessus tout peut-être, un sentiment d'abnégation et de modestie qui les faisait s'oublier toujours et s'étonnèr du bien que l'on pouvait penser d'eux. »

Faut-il suivre l'abbé Vollot à travers sa correspóndance avec ses deux sœurs? Je n'en finirais point, presque toutes ces pages seraient à citer. Nous passerions avec lui par la note vraie de tous les sentiments. Il s'attriste ou se réjouit avec elles, partage leurs peines et leurs angoisses, devine leurs chagrins, et quelquefois provoque leurs larmes pour mieux soulager leur douleur. Il les conseille et les dirige, entre dans leurs préoccupations et leurs soucis, calme et dissipe leurs troubles et scrupules, et cela avec d'autant plus d'autorité que son affection est plus grande et plus sainte.

Ici, une remarque. Dès qu'il fut entré au grand séminaire, l'affection des sœurs pour leur frère prit une nuance de respect tout religieux. Dans certains pays de foi vive, le père et la mère, et avec eux tous les membres de la famille, cessent de tutoyer le fils de la maison le jour où il est ordonné prêtre, et cela

par vénération pour la dignité sacerdotale.
Quelque chose d'analogue se produisit dans
le cœur de ces excellentes chrétiennes le jour
où leur frère se consacra à Dieu par son entrée à Saint-Sulpice. On tutoie toujours, mais
en vénérant davantage. Ce respect religieux
allait, quelquefois, jusqu'à l'exagération, témoin les lignes suivantes d'une lettre adressée à la sœur cadette : « *Et puis, pourquoi
me dis-tu toujours que tu te permets de penser
à moi?* Ne me dis pas de ces gentillesses, si
tu tiens à conserver mon affection et à ne
pas te brouiller avec moi. Qui donc aimerai-je
sur la terre ou quelle joie me serait permise,
si je ne vous aimais pas de tout mon cœur,
vous qui me tenez lieu de tout? Aussi, je
t'assure qu'à mesure que j'avance, sans que
tu t'en doutes, le fameux thermomètre qui est
au fond de mon cœur monte toujours. »

Quand il fut prêtre, à cette respectueuse et
religieuse tendresse se joignit une confiance
absolue dans l'ordre spirituel, et les deux

sœurs lui ouvrirent à la fois leur conscience et leur cœur. La sœur aînée, Mme Defranc, eut le désir d'embrasser la vie religieuse dans sa prime jeunesse, et, quoique humainement heureuse, elle manifestait quelquefois le regret de n'avoir pas suivi cette voie. Elle s'en ouvrit à son frère, dès son entrée à Saint-Sulpice, en le félicitant de sa vocation. Celui-ci ne fit pas attendre sa réponse : « Tu me dis que j'ai choisi la meilleure part. Je le sais bien. Je suis un ambitieux, vois-tu? Mais il ne faut pas que mon bonheur t'attriste, ma chère Agathe. Dans toutes les conditions et partout on sert Dieu et on lui est agréable. Et pour parler de toi, crois-tu que tu n'aies pas sur la terre, comme épouse et comme mère, un rôle bien élevé, bien noble à remplir?... Sans compter l'influence salutaire que tu peux exercer autour de toi, tu as un enfant que Dieu t'a confié et dont tu peux faire un saint. Pour moi, je te l'avoue, je ne demande au bon Dieu qu'une chose, s'il daigne m'ap-

peler à son ministère, c'est de lui gagner une
âme, une seule âme!... Ne jette donc pas des
regards en arrière, mais use courageusement
du présent. »

Ce mélange d'amitié fraternelle et de direction spirituelle se retrouve, et c'est ce qui en
fait le charme, dans toute la correspondance
de l'abbé Vollot avec sa *sœur-marraine*, c'est
ainsi qu'il appelle Mme Defranc. C'était une
nature frêle et sensible à l'excès, de conscience timorée, pour laquelle les réalités et
les froissements inévitables de la vie étaient
une source continuelle de souffrances, sans
compter que sa santé fut toujours assez délicate. Quelquefois il arriva au fraternel directeur de mêler à ses conseils et à ses tendresses
quelques légères railleries. Mais comme il
s'en excusait, quand il voyait à ses larmes
ou mieux devinait que la sœur en avait été
affectée! Un exemple : en revenant, en janvier 1863, de Beaune, où il avait assisté aux
derniers moments de sa grand'mère, il s'était

arrêté à Dijon, chez sa sœur. Celle-ci fut, plus qu'à l'ordinaire, douce et bonne; mais, de la part du frère, trop d'esprit se mêla à beaucoup de tendresse! Il le reconnaît, et voici comment il s'en excuse auprès de sa sœur, tout aussitôt arrivé à Paris : « Ton amitié ne m'a jamais plus touché. Tu as été bonne et tendre pour moi. Je t'en remercie. Ces heures m'ont fait du bien. Je te connais à fond et par cœur. Je suis ton frère, ton ami, et, de plus, je te porte cet intérêt quasi paternel que ressent toute âme chrétienne pour ce qui est faible et souffrant. Je comprends toutes tes tristesses, et elles m'aident à porter les miennes qui ne sont pas toujours légères. Je vois encore tes dernières larmes qui ont failli m'amollir. Je me reproche seulement d'avoir *mêlé un peu d'enfantillage* à ces marques de forte amitié que je voulais te donner. Une autre fois, je tâcherai d'être plus prêtre encore vis-à-vis de toi et tu m'y aideras, petite sœur. Nous ne devons pas nous aimer comme les autres hommes. »

L'abbé parle de la confiance; c'est ce qu'il réclame toujours de sa sœur : « Je t'en prie, chère sœur, sois confiante envers moi. Notre amitié n'a point pour ciment une vanité frivole; nous souffrons tous les deux parce que nous devons souffrir : eh bien, unissons nos faiblesses et soyons l'un vis-à-vis de l'autre comme nous sommes sous le regard même de Dieu... »

Naturellement la confiance sera réciproque, et, à quelques nuances près, déjà signalées, il s'ouvre autant à Mme Defranc qu'à sa sœur cadette. Il les tient toutes deux au courant des événements de sa vie. C'est dans une de ses lettres que se trouvent quelques détails pittoresques sur son début dans la prédication à Saint-Thomas d'Aquin : « On a été satisfait de mes débuts hier. J'ai été beaucoup plus calme que je n'eusse osé l'espérer. Seulement mes deux bras sont, comme Jérôme Paturot, à la recherche d'une position sociale et, comme lui, ne la trouvent pas toujours. »

Volontiers on pense à la tendresse d'Eugénie de Guérin pour son frère Maurice, sachant la tendresse, et la constante préoccupation, et l'admiration respectueuse des deux sœurs pour leur frère. Aussi n'est-on pas surpris que Mme Defranc ait l'idée, elle aussi, d'écrire son journal. « J'accueille avec enthousiasme, lui écrit son frère, ton projet de journal. Eugénie de Guérin t'aura inspiré cette bonne pensée. Tu as certainement beaucoup plus de choses à me dire qu'elle n'en disait à son frère, car tu vis dans une cité civilisée, dans une nombreuse famille qui ne peut manquer de me fournir des faits plus intéressants que ceux de l'*Union*. » Ce projet fut-il mis à exécution? Je l'ignore. Une fois seulement il est fait allusion encore au journal de cette nouvelle Eugénie de Guérin. L'abbé en réclamait le premier numéro.

Les considérations de haute spiritualité n'empêchaient pas l'abbé d'être, avant tout, simple et pratique dans ses conseils. Qu'on en juge par ce qu'il écrivait au sujet de la méditation. Mme Defranc aspirait, comme toutes les âmes d'élite, à atteindre les sommets où elle voyait arriver ses amies, les religieuses du Carmel ou de la Visitation :

« J'apprends que tu te trouves bien, ma chère Agathe, des quelques idées que je t'ai envoyées. Il ne faut pas te gêner du tout pour la méditation, c'est un principe essentiel. Toutes les fois que tu as employé ton temps utilement et pieusement, tout va bien. Quelques paroles de l'Évangile, de saint Paul, de l'*Imitation* même, sans rapport les unes aux autres, suffisent à beaucoup. L'important est de sortir de la méditation plus douce, plus résignée, plus patiente, plus charitable, plus humble surtout... Il est si bon et même si doux de savourer notre pauvre misère, misère d'intelligence, misère de cœur, misère de volonté. C'est la meilleure et la plus utile des prières. »

Mme Defranc était capable de comprendre et de mettre en pratique cet austère langage.

6

L'avancement spirituel de sa sœur n'était pas l'unique préoccupation de l'abbé, il était souvent inquiet de sa santé, et ses avis sont fréquents et quelquefois tendrement sévères à ce sujet. Il se donne même comme modèle dans l'art de se soigner, et en cela, hélas! il se faisait certainement illusion. « J'apprends, ma chère Agathe, lui écrit-il en 1866, de Menton, que tu es indisposée, et avec plus de peine que tu n'as pas vu le docteur : jusqu'à quand désobéiras-tu à Sa Majesté le Bon Sens et à Son Altesse ton frère le Critique? Ce que tu me dis n'a pas le sens commun. Si j'avais fait, cette année, ce que tu fais en ce moment, je serais peut-être perdu à l'heure qu'il est. Les petites maladies sont plus dangereuses que les grandes. Ton devoir est de te soigner. Fais-toi dire cela par les bonnes Carmélites. J'irai les voir quand je passerai à Dijon. Il faut t'occuper de ta santé pour toi, pour les tiens, pour *les frères allemands* qui te prêchent d'exemple et se soignent avec une conscience héroïque (1). Quand tu vas à l'église par le mauvais temps, tu fais un péché. Il serait beaucoup plus méritoire et beaucoup plus pieux de rester chez toi. »

Mme Defranc ne profita guère des admonestations fraternelles. Elle persista à ne pas se ménager, et ne survécut que deux ou trois ans à son frère. Elle fut victime de sa charité pendant la guerre de 70-71. Elle succomba à une attaque de petite vérole noire en soignant les soldats blessés et malades dans les hôpitaux et ambulances de Dijon. Elle alla retrouver dans la vraie patrie le frère bien-aimé à l'absence duquel elle n'avait jamais pu se faire.

Sa sœur cadette, Mme Falateuf, seule à cette

(1) Peut-être est-ce alors, au moment où il se donnait comme un modèle dans l'art de se soigner, que l'abbé Vollot faisait l'essai, qui lui fut si funeste, de l'hydrothérapie. Il avait été séduit par les résultats heureux obtenus par M. de Foville qui pratiquait le système de Kneipp, avant qu'il fût inventé, ou mieux, avant qu'il fit les merveilleuses cures que l'on sait.

heure, survit aux douleurs accumulées qui
l'ont frappée comme fille, sœur, épouse et
mère (1). Je ne veux point blesser sa modestie
en insistant sur son héroïque et chrétienne
résignation, mais la féliciter seulement de
sa fidélité à cultiver la mémoire de ses chers
défunts. C'est cette fidélité qui lui a fait
mener à bonne fin l'œuvre conçue par sa
fille Marguerite de publier le livre des *Sou-*
venirs. Sa collaboration à l'œuvre fut tout à
fait effective en plus d'une page, et M. l'abbé
Crosnier en est heureux et ne le cache point :
« Est-il besoin d'ajouter, dit-il, que les souvenirs de Mme Octave Falateuf, la sœur de
Henri Vollot, me furent du plus grand secours
dans la rédaction de la Notice? Plus d'une
page a été écrite, pour ainsi dire, sous sa
dictée. Elle me narrait, — avec quelle pré-
cision de détail! — ces choses du passé, si

____

(1) Mentionnons seulement la mort de ses deux filles
bien-aimées, Marthe et Marguerite, et celle de son
vaillant et loyal mari, M. Octave Falateuf.

douloureuses et tout à la fois si attachantes pour elle ! »

Un côté charmant de l'abbé Vollot nous échapperait si nous ne disions ce qu'il fut pour ses neveux et nièces. Le fils aîné de sa sœur, Paul Defranc, fut d'abord et resta toujours l'objet de sa spéciale affection. Quand il était encore tout enfant, il partagea ses jeux, faisant trêve aux études sérieuses. Il s'excuse, s'il n'écrit pas à ses amis, sur cette grave occupation : « Paul est avec nous en ce moment. Nous avons acheté des petits soldats de carton, et hier, l'ex-philosophe d'Issy a passé son après-midi à perdre et à gagner de microscopiques batailles. Ainsi faisait Napoléon. » Mêmes excuses le lendemain auprès d'un autre ami. « Si vous saviez à quoi je me suis occupé ces derniers jours ! Je me suis traîné à terre avec mon neveu pour mettre en mouvement une armée de soldats de carton, j'ai livré de grandes batailles, et à l'enthousiasme que je sentais

en moi en gagnant ces microscopiques victoires, j'ai jugé que, si je n'étais pas Alexandre,
j'aurais été un fameux soldat. »

L'enfant est-il gravement malade? Alors
il partage les mortelles sollicitudes de la
mère et est impatient d'avoir de ses nouvelles. Il croit que saint Vincent de Paul,
auquel il a grande confiance, sauvera son
neveu. Il fait la neuvaine du Saint à cette
intention et voudra y associer ses meilleurs
amis. Plus tard, il fera le voyage de Dijon
pour assister à la première communion de
l'enfant, et il prodigue ses conseils à la
mère sur la direction à donner à son fils
au moment où il va quitter la maison paternelle pour ses études, et pour le premier
apprentissage de la vie.

Même affection et tendresse pour ses nièces.
Quelle joie fut la sienne quand le télégra-
phe lui apprit la naissance de la première,
Mlle Marie, le 25 août 1859, à Bagnères-de-
Bigorre! Elle est aujourd'hui une aimable,

vaillante et chrétienne mère de famille.
La seconde, Mlle Marthe, fut accueillie avec
le même bonheur. Celle-ci, aimable et bonne,
simple, toujours souriante et gracieuse, a tra-
versé la vie en faisant le bonheur de ceux qui
l'entouraient. Elle fut parfaite comme jeune
fille et d'une grâce surprenante comme jeune
femme. Sa mère, qui aimait également ses
trois filles, mettait cependant une nuance de
plus dans son affection pour Mlle Marthe; ses
sœurs, nullement jalouses, en donnaient la
raison d'une manière charmante : « Nous ai-
mons également notre mère, mais Marthe
sait le lui mieux dire. » Son bonheur terrestre
dura peu. Elle s'envola au ciel, après un an de
mariage, au lendemain du jour où elle était
devenue mère d'un enfant qui ne lui survécut
guère, laissant après elle des regrets et des
douleurs que le temps a pu atténuer, mais
qu'il n'effacera jamais (1).

(1) Elle était mariée à Me Bilhault-Durouyet, avocat
près la cour d'appel.

L'abbé Vollot s'était promis de travailler lui-même à l'éducation intellectuelle et religieuse de ses nièces. L'aînée, seule, reçut quelques soins de lui. Il étudiait son caractère et lui-même voulut lui choisir le directeur qui devait diriger sa conscience et veiller à sa première communion. Mais elle avait à peine neuf ans quand il mourut!

En attendant les graves avis que l'approche, de la première communion aurait inspirés, l'oncle lui écrivait de charmantes lettres enfantines. Une seule a été publiée. Nous la transcrivons, ici, presque tout entière. Elle fera regretter que la mort ait interrompu une si gracieuse correspondance. Elle est datée des Eaux-Bonnes, 29 juillet 1867 : « Ma chère nièce, j'ai été content de ta lettre. Je ne suis pas étonné qu'après avoir suspendu tout travail, ta main ait tremblé en m'écrivant. Maintenant tu vas bien te reposer à Serrigny. Je t'engage surtout à soigner ta langue qui est très malade; tu donneras, de ma part, à

Marthe le même conseil. — C'est bien dommage que tu ne m'aies pas accompagné à Eaux-Bonnes. Tu monterais à âne tous les jours et nous ferions de magnifiques promenades. Il y a beaucoup de petites filles, ici, qui ne sont pas plus malades que toi et qui s'amusent toute la journée. On en rencontre à chaque pas, sur des ânes ou sur de petits chevaux qui trottent gentiment. Il y a un jardin où l'on fait de la musique, comme aux Tuileries. Seulement j'ai vu avec peine que Guignol n'est pas connu dans le pays. — En revanche, nous avons de grandes montagnes, des cascades, des grottes. Il y a une grotte qui s'appelle la grotte des Fées. Une autre qui est plus belle encore, c'est la grotte des Eaux-Chaudes. Elle est très longue, très étroite et occupée presque entièrement par un torrent qui fait un terrible vacarme. Des planches, posées le long du rocher et qui traversent plusieurs fois le torrent, permettent d'aller jusqu'au bout de la grotte, à la lueur de torches que tiennent les guides. Tout se termine par une cascade qui vient on ne sait d'où. Les guides allument un feu de Bengale. C'est effrayant! J'ai vu là une petite fille qui avait bien peur. Aussi il ne faut pas être poltron pour entrer là-dedans. Certainement Marthe n'oserait pas... Amuse-toi bien avec Marthe, et ne m'oublie pas auprès de Champagne (le chien). Je t'embrasse. »

La naissance et le baptême de sa troisième nièce, Marguerite, au mois d'août 1867, furent les dernières joies terrestres de l'abbé Vollot. L'aimable et bon abbé Debeauvais, de spirituelle et sainte mémoire, fit la cérémonie du baptême. « Tout s'est bien passé, écrivait l'abbé à son plus vieil ami. Le baptême a été splendide, la fanfare s'est couverte de gloire. Les dragées ont jonché le sol. La marraine était éblouissante; le parrain était-il à la hauteur de ses fonctions? L'impartiale histoire le dira quelque jour. Ce qui vaut mieux encore, c'est l'excellent état de la mère et de l'enfant. »

Hélas! le parrain lui-même faisait l'office
de l'impartiale histoire en écrivant à un autre
ami, dix jours après, que sa santé était loin
d'être meilleure, et il revenait des Eaux-
Bonnes qui auraient dû le guérir. « A Serrigny, baptême, pluie de dragées, fanfares, feu
d'artifice, après quoi le parrain, épuisé,
anéanti, souffrant de l'estomac, grâce aux
chaleurs, a été, je vous assure, fort peu
brillant et incapable de tenir une plume. »

La nièce pour qui furent les derniers souri-
res de son oncle, regretta toujours de n'avoir
point connu son parrain. Au reste, il y avait
de singulières affinités entre le caractère de
l'oncle et de sa filleule; tout dans sa physionomie, le regard surtout, rappelait son oncle
sans qu'elle lui ressemblât entièrement. Devenue grande, la jeune fille se voua, d'une
manière toute particulière, à cette chère
mémoire, s'appliquant à la lecture de ses
lettres et de ses manuscrits. Elle fut la première inspiratrice de la publication de sa

correspondance, et, par suite, de la *Notice* de l'abbé Crosnier, le tout publié en 1896 sous le titre de *Souvenirs de l'abbé Vollot* (1). Elle n'eut pas la consolation de voir le travail terminé et d'entendre les louanges que ce volume et ces lettres valurent à la mémoire de son oncle. Ici, je remercie en passant la *Semaine religieuse* qui a voulu contribuer, elle aussi, à faire revivre cette mémoire bénie.

J'ai dit un mot dans les précédentes lettres de l'amour de l'abbé Vollot pour l'Église, patrie de son âme, il convient donc de dire quelle fut sa passion pour la patrie de la terre. Les amertumes de son quasi exil en Allemagne, son regret d'être loin de Paris où il

(1) « C'est à elle, dit l'abbé Crosnier dans son Avant-Propos, que doit revenir tout l'honneur de cette publication qui occupa ses dernières années. Comme on va au cimetière porter des couronnes sur les tombes des amis disparus, aujourd'hui, sur sa tombe trop tôt ouverte, je dépose ce livre, né de son inspiration, en hommage à sa chère mémoire, et en souvenir de nos communs travaux. »

aimait à vivre, nous ont déjà dit son patrio-
tisme.

Il vivait, d'ordinaire, en dehors des
préoccupations politiques, quoique ses goûts
et les traditions de sa famille laissassent
deviner où étaient ses préférences. « Je vous
pardonne généreusement, disait-il à un de
ses intimes, d'avoir plusieurs fois parlé politique devant moi. J'eus autrefois des opinions,
je n'en ai plus. Je ne connais qu'un seul drapeau, c'est celui du catholicisme. »

Mais quand le drapeau de la France était
engagé, il oubliait par qui il était porté,
et son cœur se mettait à l'unisson de l'enthousiasme populaire. Pendant la guerre
d'Italie, il manifestait à sa sœur cadette
quelque humeur de ce que ses condisciples
anglais contestaient ou discutaient nos victoires. « Les Anglais qui sont avec nous
nous font presque enrager. Ils ne veulent
jamais que les Autrichiens soient battus.
C'est nous qui avons été battus. C'est nous

qui avons été vaincus à Montebello, et il ne tient pas à eux que nous soyons encore en dehors de Milan. L'autre jour, ils disaient que l'empereur était prisonnier. Ils sont persuadés que leur flotte de l'Adriatique intimide beaucoup les Français. C'est magnifique ! » Hélas ! l'empereur prisonnier ! ce que l'abbé Vollot traitait d'hypothèse impossible devait être un jour une triste réalité. Mais il ne connut pas ce chagrin. Un de ses correspondants l'avait plaisanté sur son *germanisme*. Il lui répond sur le même ton : « Non, monsieur l'Aumônier (1), je n'ai pas cessé d'être Français. Je le suis plus que jamais au contraire. Quand, il y a quelques jours, sur la ligne de Bâle à Belfort, j'aperçus le poteau où était inscrit ce mot miraculeux *France*, il me prit envie d'embrasser le pauvre poteau. Mais nous filions

(1) L'abbé Mengelle, aumônier des filles de la Croix, à Bagnères-de-Bigorre. L'abbé Vollot reçut souvent l'hospitalité chez cet aimable et saint prêtre, mon oncle, mort en 1884.

10 lieues à l'heure, force fut de me calmer et d'embrasser, à la place, un honnête gendarme qui me demandait mon passeport, tant il est vrai que l'amour de la patrie est un sentiment qui est au-dessus de toute discussion et de toute critique. »

Il aimait donc la France! et en France, Versailles, pays de sa naissance et de son baptême; Paris, où il fit sa première communion, et qui était devenu la patrie de son intelligence; et enfin quelques coins des Pyrénées et de l'Anjou, où l'amitié lui fut plus douce et plus intime.

Mais il aima, surtout et avant tout, la Bourgogne, patrie de son père, patrie des grands orateurs, de saint Bernard, de Bossuet et de Lacordaire. Il l'aima toujours, en parlait volontiers, et ne se lassa jamais de l'habiter. Aloxe, Dijon, Fontaine, Serrigny (1),

(1) *Serrigny* dont il est parlé ici est dans l'Yonne. Pour le distinguer du village de même nom près Beaune,

revenaient sans cesse sous sa plume, et
jamais sa verve poétique n'a été mieux
inspirée que lorsqu'elle chanta la Bourgogne.
Nous terminons cette longue lettre en trans-
crivant ce cri du cœur de l'abbé Vollot pour la
Bourgogne :

Sur sa terre natale, au pied de la colline,
Mon père a sa maison, sa vigne, ses amours...
L'air que l'on y respire élargit la poitrine;
Calmes y sont les nuits et plus calmes les jours.

L'on est seul, et l'on vit! Une simple nature :
Les coteaux s'enfuyant à l'horizon lointain;
La vigne qui mûrit et répand sa verdure
Sur ce sol généreux dont la sève est du vin;

La nuit vaste et rêveuse, et, partout, un silence
Dans lequel on entend flotter les cieux amis;
Mille bruits, étouffés dans une paix immense,
Vague tressaillement des êtres endormis;

l'abbé Vollot l'appelle toujours dans ses lettres Ser-
rigny-les-Nièces!

L'air pur, l'air vigoureux, haleine virginale,
Qui dérobe aux coteaux leurs vivantes odeurs,
Aspire, chaque jour, la brise matinale,
Boit la fraîcheur des nuits et le parfum des fleurs :

Voilà ce qui repose, apaise et fortifie,
Ramène et les regards et le cœur vers le ciel,
Ce qui retrempe l'âme aux sources de la vie,
Et verse dans le sang la chaleur du soleil.

O robuste Bourgogne, ô mère généreuse,
Tu donnes un sang fort à tes joyeux enfants;
Ils ont, avec l'esprit et la verve moqueuse,
Un indomptable cœur et des muscles puissants.

O terre qui nourris Bossuet et Lacordaire,
Qui portas saint Bernard — terre des orateurs! —
Sous ton large horizon, en ta saine atmosphère,
On respire l'amour des grands et saints labeurs.

Non, tu n'as pas vieilli, tu gardes ta jeunesse :
Ton sol n'a rien perdu de sa fécondité;
Tu donnes, tous les ans, ton fruit avec largesse,
Tu répands à grands flots le vin et la gaîté.

Suis-je pas ton enfant? Tu m'as donné mon père,
Et tu l'as, en naissant, trempé dans ta vigueur...
Sois heureuse, ô Bourgogne, et de ta noble terre
Tire des ceps puissants et des hommes de cœur!

Pour compléter cet éloge de la Bourgogne, je veux citer encore une douzaine de vers, dans lesquels l'abbé Vollot décrit, d'une manière très heureuse, le coin du canton de Beaune qu'il habitait : Aloxe, lieu de sa résidence, et les deux villages voisins, Pernand et Savigny. C'est une véritable photographie poétique.

Savigny fait silence aux portes des vallons
Qui d'un brouillard d'azur voilent les horizons,
Transparent vêtement des bois et des prairies
Où flottent, en chantant, les jeunes rêveries.

Pernand dort suspendu sur le flanc des coteaux;
Il baigne ses deux pieds dans la fraîcheur des eaux,
Des eaux qui, nourrissant une mâle verdure,
Emplissent le vallon d'ombres et de murmure.

Aloxe sur un sol âpre, sec et pierreux,
Sans arbres, sans fraîcheur, s'étend nu sous les cieux,
Dont il boit à loisir le jour et la lumière,
Et change en vins ardents la sève de la terre.

11 septembre 1862.

Vos lecteurs me pardonneront, j'espère, ces longues citations et conviendront que ceux qui aiment le plus et l'Eglise et le ciel, sont aussi ceux qui aiment davantage la patrie de la terre.

Une remarque finale à propos de ces poésies. L'abbé Vollot aimait, à chacun de ses voyages, résumer en quelque sorte ses impressions dans une ou plusieurs pièces de vers. Le beau morceau intitulé *A Notre-Dame d'Arrens* rappelle ses voyages et son séjour aux Pyrénées. Les vers plus considérables qui ont pour titre *A Burgos* et *A Don Quichotte* sont comme deux fleurs rapportées du *Pays du Cid*. Les lecteurs viennent de lire et d'apprécier quelques-uns des vers inspirés par la Bourgogne. Seule, l'Allemagne ne lui suggéra aucun chant. Et Dieu sait pourtant si les bords du Rhin et les vieilles cathédrales de Spire, Worms, Mayence et Cologne, manquent de poésie! Mais le poète était en exil, et, comme il le rappelle lui-même dans ses lettres de Tubingue, on ne chante pas sur la terre étrangère. *Quomodo cantabimus in terra aliena?*

Adieu, cher monsieur De Soye, et à bientôt, car voici ma dernière lettre, la fin de mon voyage, et de mes vacances.

R. T.

V

UN ARTICLE BIOGRAPHIQUE DE 1868
SUR L'ABBÉ VOLLOT

V

Il convient de rédire au lecteur que cette cinquième lettre n'est qu'une notice biographique écrite au lendemain de la mort de l'abbé Vollot, et publiée dans la *Semaine de Lorraine*, dont j'avais l'honneur d'être un des correspondants. Quoiqu'elle fasse, en plus d'un endroit, double emploi avec ce qui a été dit dans les trois premières lettres, il m'a paru cependant que l'ensemble était de nature à intéresser, et à faire revivre davantage la mémoire de mon ami. Je fais suivre cette notice de lettres ou extraits de lettres, écrites à l'occasion de la notice elle-même ou de la mort de l'abbé Vollot.

Paris, 1ᵉʳ avril 1868.

Monsieur le rédacteur,

Jeudi 26 mars, au moment où l'élite de la société parisienne, réunie sous la coupole de l'Institut (1), s'associait, par de sympathiques applaudissements, aux regrets exprimés par M. Vitet sur la mort de M. l'abbé Perreyve, un autre jeune prêtre, professeur à la Sorbonne comme M. Perreyve et comme lui l'objet des meilleures espérances pour l'Église, se mourait à l'âge de trente ans, emporté, lui aussi, par une maladie de poitrine. Ce fut la *Semaine de Lorraine*, si j'ai bonne mémoire, qui parla, pour la première fois, de M. l'abbé Henri Vollot, lorsque Mgr l'Archevêque de Paris l'envoyait en Allemagne pour y étudier l'exégèse biblique et se préparer à défendre, en France, les Saintes Ecritures. Permettez à votre correspondant d'aujourd'hui de dire à vos lecteurs, en quelques mots, mais non sans émotion, ce que fut l'abbé Vollot : une rapide esquisse de sa vie sera la meilleure manière de le louer et de faire comprendre quelle perte le clergé de

(1) Réception du P. Gratry à l'Académie.

Paris et l'Eglise viennent de faire. Plus tard, je veux l'espérer, ses amis feront connaître par le détail cette belle vie et ce noble caractère. L'abbé Vollot laisse quelques manuscrits : espérons qu'on pourra en publier une partie. C'est surtout en lisant ces pages qu'on dira qu'un généreux et puissant soldat est tombé, au moment où il allait entrer en lutte contre les ennemis de la vérité et de l'Eglise.

Henri Vollot naquit à Versailles, le 2 décembre 1837. Ses parents (1) voulurent pour lui l'enseignement brillant et solide des lycées de Paris, avec l'éducation religieuse

(1) Son père était François Vollot, originaire de Beaune en Bourgogne, alors inspecteur d'académie pour le département de Seine-et-Oise. Sa mère Madeleine Schœll, protestante convertie, épousée en secondes noces par M. Vollot, était fille de l'historien Frédéric Schœll, alsacien d'origine, ancien conseiller du roi à Berlin. L'abbé Vollot avait en grande estime les œuvres historiques de son grand-père, remarquables, de la part d'un protestant, par leur esprit de justice à l'égard de l'Église catholique, en particulier dans la question des Jésuites au dix-huitième siècle.

et morale de la famille. Ils vinrent donc se fixer à Paris. Le jeune Henri suivit, comme externe, les classes de Henri IV d'abord, et de Louis-le-Grand ensuite. Dès le commencement, il fut à la tête de ses condisciples par sa docilité, son travail et ses succès.

L'époque de la première communion fut, comme il arrive souvent, une époque décisive dans la vie de l'enfant. Il suivait les catéchismes de Saint-Sulpice. Son intelligence vive et pénétrante, ses réponses nettes et précises, sa piété simple et naïve, le firent remarquer de ses catéchistes. M. l'abbé Thomas, qui dirigeait, à cette époque, le catéchisme de première communion, le prit en grande amitié. Devenu vicaire général d'Autun, il aimait à rappeler le souvenir de son jeune ami de Saint-Sulpice. Sa joie fut grande quand il apprit que M. Vollot allait devenir prêtre; aussi l'an dernier, quand il fut appelé à l'évêché de La Rochelle, songea-t-il à lui pour en faire un grand vicaire. La proposition en fut transmise au jeune professeur de la Sorbonne qui recula devant cet honneur, résolu qu'il était de consacrer sa vie aux labeurs pénibles et obscurs de la science sacrée (1). C'est au catéchisme de Saint-Sulpice que M. Vollot avait conçu la première idée de se donner à Dieu dans le sacerdoce. On lit dans son cahier de réso-

(1) M. Crosnier reproduit la belle lettre par laquelle l'abbé Vollot refuse. En voici quelques lignes :

« Ce serait une immense joie pour moi, Monseigneur, que de vous suivre à La Rochelle. Vous ne seriez pas seulement mon évêque, vous seriez mon père. Je sacrifierais à cet avenir charmant mes goûts les plus vifs. Ce que je sens en moi de bonne volonté et de zèle encore inexpérimenté serait entièrement consacré à votre service et au service de cette belle Église qui sera la vôtre, et qui m'est chère maintenant. Non, Monseigneur, je n'ai point le courage de vous dire que je refuse ce que vous m'offrez. Je ne désespère pas de vous dire un jour que j'accepte. Mais suis-je libre en ce moment? A peine nommé à la chaire d'Ecriture Sainte, sans y avoir une seule fois essayé mes forces, sans avoir tenté, je ne dirai pas d'y réussir, je ne tiens pas à ce qui s'appelle le succès, mais au moins d'y exercer, d'une manière très restreinte, cette influence honnête et désintéressée que le *prêtre* doit désirer et qui est sa vie, son but, sa grandeur ici-bas. »

lutions : « Le jour de la première communion est un bien beau jour, mais le jour d'une première messe est plus beau encore. »

Cette idée demeura toujours présente à son esprit et à son cœur : c'est à peine si les préoccupations du travail et ses brillants succès purent l'en distraire quelque temps. Mais aussi quelle honorable séduction que celle des succès littéraires pour un jeune homme de dix-sept ou de dix-huit ans! Toujours un des premiers de sa classe, on le vit, surtout en seconde et en rhétorique, remporter tous les premiers prix. Il n'était pas moins heureux dans les concours généraux. Il y obtint jusqu'à quatre prix et plusieurs nominations dans la même année. Le lycée Louis-le-Grand le compte parmi les élèves qui lui ont fait le plus d'honneur. Les hommes considérables, qui sont aujourd'hui à la tête des affaires et des lettres, n'eurent pas des débuts plus brillants.

Ce fut pourtant à l'heure où l'avenir lui

souriait ainsi que M. Henri Vollot résolut de dire un adieu définitif au monde. Il aimait tendrement sa mère, âme forte et généreuse, d'une austère mélancolie, sans cesser d'être tendre, aimable et gracieuse. L'âme du fils ressemblait merveilleusement à celle de la mère; aussi l'affection réciproque était-elle plus vive. Mme Vollot mourut en 1856. Ce coup fut si vivement senti par le jeune homme que sa santé en resta ébranlée. C'est à partir de ce moment que la pensée de devenir prêtre s'imposa à lui d'une manière invincible. Il résolut alors, et sans regrets pour le monde, de réaliser les rêves de son enfance et d'accomplir les résolutions de sa première communion.

Il entra au séminaire d'Issy à la fin de 1856. M. Chol, un de ses anciens catéchistes, enlevé si tôt à la science et à la Compagnie de Saint-Sulpice (1), le reçut avec effusion en

(1) M. Chol mourut au séminaire de Bordeaux en 1862. Cette année-là même, l'abbé Vollot voulut aller prier sur

lui disant : *Mon enfant, je vous attendais, je savais que vous viendriez.* Par prudence et par une délicate déférence pour le désir de son père, le nouvel arrivant consentit à garder au séminaire, encore quelque temps, l'habit laïque. C'était comme une dernière épreuve qu'il s'imposait avant de revêtir pour toujours la robe ecclésiastique. Cette épreuve ne fut pas longue.

Son séjour au séminaire fut des plus édifiants. Peu de jeunes séminaristes ont joui à Saint-Sulpice d'une estime et d'une affection aussi universelles. On admirait la distinction de sa personne et de ses manières, son amabilité constante, sa modestie vraie et son rare talent. C'était un bonheur de pouvoir partager sa société. Sa piété était simple, vive et pro-

la tombe de son premier directeur, et en écrivit en ces termes à un ami commun : « Je vous envoie une petite feuille que j'ai cueillie sur la tombe de M. Chol. Il est enterré dans la maison de campagne du séminaire, à Bègles. C'est une nature charmante et un paysage très doux. M. Chol est bien là : *Domine, bonum certamen certavi!* »

fondé, sans être austère. D'une bienveillance et d'une charité exquises pour les autres, il n'était dur que pour lui-même. Chez lui, nulle prétention à réformer ou à critiquer ses condisciples. Son esprit large et son indulgence éclairée le faisaient aimer de tous. Ses jugements étaient toujours favorables à ses confrères, il n'avait de sévérité que pour les bassesses de caractère. Son zèle était grand, mais toujours suivant la règle et la prudence. En toutes choses, même dans le bien, il voulait éviter la singularité. Il était d'une gaieté douce et par conséquent d'un accès facile. Jamais il ne sut refuser un service, et souvent il prévenait les désirs de ses condisciples par les plus délicates attentions.

D'une humeur égale et enjouée pour tout le monde, son amitié cependant n'était pas banale. Il ne la prodiguait point, et elle était assez difficile à conquérir. Quelques lignes extraites d'une de ses lettres feront bien comprendre ma pensée : « Monsieur X... désire de ma part une grande confiance : je lui sais beucoup de cœur, mais la nature de son esprit me donne quelques appréhensions. Je crains de lui paraître une manière d'exalté et d'ailleurs je me défie de moi-même. Comme vous le savez, je suis *pudibond* à l'excès : c'est un de mes plus grands malheurs, et c'est une des raisons qui me rendent d'un abord difficile. Le fond de mon caractère est une mélancolie persévérante, dissimulée par certaines habitudes acquises de gaieté factice : vous approuverez cette définition. Je demande à mes amis, surtout au commencement, une certaine indulgence, et des marques de confiance telles que j'en sois écrasé et que je me déclare vaincu du coup : on me prend d'assaut, je suis barricadé de tous côtés, mais les portes sont assez mal fermées. Qui veut entrer entre, et, une fois entré, on ne sort plus. »

Ses succès théologiques, pour être plus obscurs que ses succès littéraires, n'en étaient pas moins considérables. C'était une fête à Saint-Sulpice quand M. Vollot devait lire, devant là communauté, quelques-uns de ses travaux. Les directeurs du séminaire avaient pour lui une grande estime, et leur présence, en si grand nombre, à ses funérailles, indiquait assez qu'ils perdaient en lui un ami véritable. Son cœur, en effet, était resté à Saint-Sulpice, et sa vie dans le monde était celle d'un Sulpicien, retirée, laborieuse, pleine d'austérité et de simplicité. Saint-Sulpice eût trouvé en lui un homme capable de continuer l'œuvre de M. le Hir. M. Vollot n'eût pas acquis peut-être la science incomparable de M. le Hir, mais il l'eût exposée avec clarté, élégance et chaleur. Il eût été, comme son ancien maître, capable de se vouer, avec constance, à de longs et d'obscurs travaux, sans nul souci de la gloire et de la popularité.

M. Vollot termina son séminaire à la fin de l'année 1862. Mgr Morlot, qui avait entendu parler de son mérite, de sa piété et de sa modestie, et qui connaissait d'ailleurs sa famille, voulut l'attacher à sa personne *pour achever*, disait-il, *de le former*. M. Vollot redoutait cette situation, mais il ne pouvait reculer devant des désirs si bienveillants et si nettement formulés de l'éminent prélat. Il se résigna donc, non sans peine, à la pensée d'être dans les honneurs, dès son entrée dans le sacerdoce (1). Mais la mort aussi regrettable qu'imprévue du cardinal, arrivée le lendemain de l'ordination, laissa la liberté au jeune prêtre.

(1) Voici comment il annonça cette nouvelle à son ami d'Angers :

« Je vais vous faire part d'un gros secret : il est extrêmement question de me placer à l'Archevêché; le Cardinal veut me prendre sous sa tutelle immédiate, et me former. Vous frémissez. Eh bien, voilà le sort dont je suis menacé. Mes goûts, mes rêves les plus chers, mes plans d'étude, il me faudra tout sacrifier pour occuper une position, et jouer un rôle auquel je suis parfaitement inapte! Je suis assuré que, si ce projet suit son cours, vous me plaindrez amèrement... Priez donc pour moi... Je n'ai pas fait un pas et n'en ferai aucun pour sortir de l'impasse où l'on veut me placer. »

La nouvelle administration le nomma vicaire à Saint-Thomas d'Aquin. Ce fut un bonheur pour lui de faire ses premières armes sous la paternelle direction de M. l'abbé Debeauvais. M. Debeauvais avait été le curé de sa paroisse d'enfance, Saint-Jacques du Haut-Pas. Comme cette paroisse, il avait conservé un impérissable souvenir de ce digne pasteur; comme elle, il ne s'était jamais consolé de l'avoir vu s'éloigner. Nous ne dirons rien de son ministère à Saint-Thomas, sinon qu'il recherchait de préférence les fonctions obscures et les œuvres ignorées. Les pauvres et les délaissés étaient sa meilleure part. C'est là (1) que ses supérieurs lui firent proposer,

(1) Je trouve aussi, dans la correspondance de l'abbé Vollot et dans mes souvenirs, qu'il fut question de lui faire une place à l'Ecole des Carmes. Il dit en parlant d'un de ses maîtres : « Je crois qu'il médite, avec M. Hugonin (supérieur de l'Ecole des Carmes), de me proposer une place à l'Ecole des Carmes. Nous parlerons de cela. Si je suivais mon goût, je me mettrais dans quelque lieu tranquille où je puisse aimer Dieu, voir peu de

en 1864, d'aller à Tubingue étudier l'état de la science et des esprits en Allemagne, afin de pouvoir, à son retour en France, combattre en pleine connaissance de cause les erreurs qui nous viennent d'outre-Rhin. Cette mission était austère et laborieuse : elle exigeait beaucoup d'abnégation et un

monde, travailler l'histoire, le grec, l'allemand et l'hébreu...

« ... C'est un rêve que je caresse quelquefois que de contribuer, pour ma faible part, à faire rentrer la littérature, c'est-à-dire le beau, dans le domaine de l'Eglise. Il y a ici (Saint-Sulpice) des jeunes gens qui ont de l'étoffe et des ressources non communes d'intelligence et qui ne feront jamais rien, parce qu'on ne leur a donné ni goût ni style, ni aspirations un peu élevées. Aussi, quoi qu'il advienne, je souhaite beaucoup de bien à la maison des Carmes. Je voudrais qu'on y formât des hommes et des prêtres, et qu'on dirigeât en ce sens les intelligences qu'on aura à conduire. Il faut des hommes de travail, mais désintéressés. L'ambition et l'intrigue perdent et gâtent tout.

« On parle dans le monde de critique et de science désintéressées. Ce devrait être dans l'Eglise une vérité. Alors l'Eglise serait l'Eglise. »

L'Ecole des Hautes-Etudes et le séminaire de l'Institut Catholique réalisent pleinement le souhait que ces lignes expriment.

grand amour pour la vérité et l'Eglise,
M. Vollot l'accepta. Mgr Darboy lui destinait
la chaire d'Ecriture Sainte de M. Meignan,
nommé depuis quelque temps vicaire général
de Paris, aujourd'hui évêque de Châlons.
Une fois la proposition acceptée et l'enga-
gement pris, l'abbé Vollot se mit en mesure
d'y faire honneur. Avant tout il se fit recevoir
bachelier ès lettres. Il n'avait pas songé, en
entrant à Saint-Sulpice (et c'était un tort fort
excusé et très excusable à cette époque), à
prendre ses grades universitaires. Mais, pour
occuper la chaire d'Ecriture Sainte, il fallait
être docteur en théologie, et ce titre ne s'ac-
cordait qu'autant qu'on avait déjà le diplôme
de bachelier. Ce fut l'affaire de quelques jours
de préparation pour ce brillant lauréat des
cours généraux. Son succès fut aussi complet
que brillant : Mention *très bien*, accompagnée
des plus grands éloges (1).

(1) M. l'abbé Crosnier donne quelques détails sur cet
examen du baccalauréat, et fait allusion à la lettre que

C'est en se rendant en Allemagne (mai 1864) que M. Vollot éprouva les premiers symptômes de la maladie qui nous l'a ravi. Il aurait dû s'arrêter et revenir sur ses pas, mais il ne le voulut point (1).

mon ami m'écrivit pour m'annoncer son succès. La voici dans sa simplicité originale et sa brièveté presque télégraphique :

11 avril 1864.

Hier, à 1 heure, temps moyen.

Couvert de gloire. Remercié (*sic*) par l'examinateur des lettres, d'avoir élevé l'examen à la hauteur d'une licence (*sic*). Cité saint Anselme à propos de Descartes, Euripide à propos d'Athalie, Virgile à propos de Marot, et Hérodote à propos du Nil.

Mention *très bien.*

Stupéfaction de l'auditoire.

Loué, en sortant, un commissionnaire, chargé tous les quarts d'heure de me dire :

« Souviens-toi que tu n'es qu'un homme. »

H. V.

(1) Mme Defranc m'écrivait le 15 octobre 1867 : « Je suis complètement de votre avis, il eût fallu soigner Henri, il y a trois ou quatre ans. Je ne sais si vous avez su que l'année où il devait partir pour l'Allemagne, il a été malade à la maison. Un bon médecin que j'avais appelé m'avait bien inquiétée. Cela a été le premier coup donné à mon affection pour lui! Que de larmes

Je ne parlerai pas de son séjour à Tubingue. Je veux seulement faire remarquer
qu'il supporta avec un parfait courage les
ennuis des premiers jours. *Ses yeux savaient
bien la langue allemande; mais ses oreilles ne
s'en doutaient guère.* D'un autre côté, il lui
fut impossible de s'installer d'une manière
convenable pour sa santé. Ses souffrances
physiques et morales furent grandes, et c'est
à peine si sa famille et ses amis en ont
soupçonné quelque chose. Plus tard son
séjour devint un peu plus agréable. Les professeurs de l'Université, catholiques et protestants, recherchaient sa société, et on lui en-

j'ai versées à ce moment, et souvent depuis! J'ai répété
en l'adoucissant beaucoup ce que m'avait dit le docteur : *Point de séjour en Allemagne, les eaux et le séjour dans le Midi.* On n'a pas voulu entendre parler de cela, et je ne pouvais pas effrayer Henri. Je l'ai disposé cependant à faire tout ce qui serait nécessaire pour sa santé et à suivre les conseils du docteur A***. J'ai pris soin en même temps d'instruire confidentiellement le docteur A*** de ce que m'avait dit son confrère de Dijon. Malgré cela il n'a rien dit, a laissé partir Henri pour Tubingue et a rassuré mon père. Que pouvais-je faire de plus? »

voya de Paris un compagnon, M. de Foville, ancien élève de l'Ecole polytechnique, qui avait renoncé, lui aussi, au monde pour se consacrer au service de l'Église.

M. Vollot revint à Paris en 1865. La chaire de Mgr Meignan était déjà vacante. Il ne voulut point l'accepter, se défiant de ses forces, et ne se sentant pas assez bien préparé pour un enseignement aussi sérieux que celui de l'Écriture Sainte. Il exprima le désir qu'on lui laissât encore du temps pour continuer ses études. En même temps, pour satisfaire son zèle de prêtre, il demanda et obtint la direction spirituelle du patronage du Gros-Caillou.

C'est à ce moment qu'on songea pour lui à l'aumônerie de l'École normale supérieure. Cette position, moins brillante et moins agréable, à certains égards, qu'une chaire à la Sorbonne, lui souriait beaucoup parce qu'il aurait pu se consacrer à la jeunesse sans négliger ses études littéraires et théologiques (1). Etre aumônier dans un collège avait été longtemps un de ses rêves favoris, et voici comment il s'en exprimait à un de ses amis lorsqu'il était encore au séminaire d'Issy : « Savez-vous que j'ai beaucoup pensé, ces jours derniers, à *notre* projet? Vous savez de quoi je parle. Oui, la vocation est sublime. Nous enterrer dans un collège où nous travaillerons, prierons et agirons tour à tour; nous emparer de cette jeunesse qui a soif de la vérité; la conquérir à force d'abnégation et d'amour, vivre pauvres et retirés; amener à

---

(1) Tous ses amis ne partageaient pas son opinion et ses goûts au sujet de cette aumônerie. Voici comment il annonce, à un de ceux-là, que le projet de l'Ecole normale n'avait pas abouti :

« L'affaire de l'Ecole normale a finalement manqué. Je ne puis en ce moment entrer dans des détails.

Je suis présenté par Monseigneur à Son Excellence Duruy pour la chaire d'Ecriture sainte à la Sorbonne.

Je regrette l'Ecole normale. Mais enfin c'est une solution que j'accepte d'autant mieux qu'elle vous fera plaisir, je le sais.

Priez pour moi et la Critique.

Bien tendrement à vous. »

8.

nous du dehors les élèves de bonne volonté, les âmes généreuses et fermes qui sont encore, Dieu merci, nombreuses dans les écoles ; les diriger dans leurs études religieuses, philosophiques, littéraires ; les guider dans l'apprentissage de la charité ; nous faire tout à tous, pour gagner tous à Jésus-Christ. Voilà *notre* rêve : il est grand. Il nous impose une lourde tâche, mais, avec la grâce de Dieu, nous ne succomberons pas sous le fardeau. Je vais en parler un de ces jours à M. Chol. »

La combinaison imaginée pour placer M. Vollot à l'École normale souffrait quelque difficulté, et, d'un autre côté, Mgr Maret le réclamait pour la Sorbonne. Il fut donc chargé, à la fin de 1866, du cours d'Écriture Sainte à la Faculté de théologie. Mais sa maladie avait fait de redoutables progrès et un voyage dans le Midi fut jugé nécessaire avant l'ouverture du cours. Il passa donc l'hiver de 1866 à 1867 à Menton. Sa première

leçon n'eut lieu que le 15 mai et presque à
l'insu du public. Ses amis attendaient beaucoup de lui, mais leurs espérances furent
dépassées. Son premier discours donna la
mesure de ce qu'il fallait attendre du jeune
professeur.

Voici, du reste, avec quelle simplicité il
rendait compte lui-même à un de ses meilleurs amis de cette séance. Il ne dissimule
pas son succès et laisse entendre que son
discours n'a été applaudi que parce qu'il a
été composé en pensant à cet ami absent et
à ses conseils littéraires. « Tout s'est très
bien passé, hier, à la Sorbonne. J'ai lu mon
discours, comme on m'avait conseillé de le
faire, et comme le font d'ailleurs des professeurs vieillis dans l'enseignement. On m'a
parfaitement accueilli et parfaitement écouté.
Mon discours était « sensé, raisonnable »,
point agressif, mais sincère, et c'est ce dont
on m'a surtout félicité. On l'a trouvé grave et
moi aussi. J'avais très bonne voix et j'ai été

très satisfait de cette première épreuve que j'ai faite de mes forces. Voilà le résumé de la séance; elle ne pouvait être meilleure. Si ce rapide résumé peut vous donner quelque joie, ce ne sera pas pour moi une mince satisfaction : *Mea tua sunt*. Vous savez qu'il y a du *vous* en moi, et que c'est parce que je pense à vous que je supprime dans mes discours bien des choses qui m'échappent au premier moment et qui vous déplairaient. Voilà l'exacte vérité (1). »

L'année scolaire terminée, M. Vollot alla demander la santé aux Eaux-Bonnes; mais, hélas! ces eaux ne lui procurèrent qu'un soulagement momentané. A partir du mois d'août, ses parents et ses amis commencèrent à tout craindre pour l'avenir. Lui, cependant, continuait à travailler avec énergie. Essayant de se tromper lui-même et de tromper les siens sur le triste état de sa

(1) Je crois être agréable aux lecteurs en reproduisant *in extenso*, à l'Appendice, ce premier discours d'ouverture.

santé, il composait à ce moment sa thèse du doctorat en théologie, un travail aride s'il en fut jamais, mais qu'il sut rendre intéressant par une merveilleuse clarté d'exposition. C'est un *Essai sur le système chronologique de Manéthon*. Les hommes compétents ont félicité M. Vollot d'une étude aussi remarquable qui témoigne d'une vaste et intelligente érudition.

Quelques semaines après (année scolaire 1867-1868), il fait son second discours d'ouverture, et obtient d'unanimes applaudissements d'un nombreux et intelligent auditoire; c'était son dernier triomphe (1). Tout le monde le

(1) Ce discours, qui a pour titre les *Droits et Devoirs de la critique à l'égard de la Bible*, a été prononcé le 11 décembre 1867, un mois après la soutenance de la thèse sur la *chronologie de Manéthon*. Le *Correspondant* du 25 février de 1869 l'a reproduit en le faisant précéder des réflexions suivantes :

« ... L'abbé Vollot a succombé, n'ayant pu qu'à peine esquisser son plan et mesurer sa tâche, et ceux qui s'apprêtaient à le suivre sont demeurés saisis d'une indicible tristesse, devant cette avenir détruit et cette loi mystérieuse de la Providence qui brise, elle-même,

comparaît à l'abbé Perreyve : il devait avoir sa destinée. Les médecins lui interdirent de remonter en chaire. A partir de ce moment, ses forces déclinèrent avec une effrayante rapidité; il ne quittait plus ses appartements, et, à la fin de février, il s'alita pour ne plus se relever.

Sa maladie et sa mort ont été ce que fut sa vie, pleines de courage et de simplicité. L'horreur de l'affectation était un de ses caractères distinctifs; jamais il n'eût fait un pas, dit un mot, écrit une ligne, pour obtenir

son nouvel ouvrier, comme elle a déjà brisé Frédéric Ozanam et l'abbé Perreyve, dans cette même Sorbonne, où ils servaient la même cause.

« Nous offrons de lui le travail suivant, inédit jusqu'ici, où il a résumé les *droits* et les *devoirs* de la *critique* en face des Livres Saints. On y verra la façon dont le jeune professeur comprenait la science biblique, le puissant arsenal dont il disposait, la pureté et l'exquise distinction qui caractérisaient son style, ainsi que l'accent de conviction émue, qui, dans le critique, révélait le chrétien; et, dans le bien qu'il eût pu réaliser, dans les espérances qu'il faisait naître, on appréciera la mesure du vide qu'il a laissé après lui. »

un éloge ou attirer seulement l'attention. Son enseignement à la Sorbonne eût été sérieux et austère, sans cesser d'être éloquent; jamais il ne se fût permis de ces digressions faciles, de ces allusions piquantes, dans le but unique de plaire aux auditeurs. Il voulait que la vérité fût acceptée et applaudie pour elle-même; il l'eût ornée sans doute, mais ces ornements eussent toujours été dignes d'elle; il l'eût montrée avec la parure riche, mais pourtant sévère, qui convient à une reine.

Il poussait jusqu'au scrupule la crainte de paraître rechercher la louange. En voici un exemple entre mille : en 1866, la reine Marie-Amélie, peu de temps avant sa mort, le fit inviter à venir prêcher la retraite pascale devant sa famille réunie à Claremont; ce ne fut qu'à son corps défendant qu'il accepta cet honneur. Ce jeune Bourdaloue de vingt-huit ans composa les discours qu'il devait prononcer devant des princes, de manière à s'effacer complètement; il voulait qu'on oubliât l'orateur pour ne penser qu'à la vérité qu'il annonçait. Le jour de son départ pour Londres, un de ses amis alla lui faire ses adieux et le trouva relisant ses sermons la plume à la main : « J'efface, dit-il avec simplicité, tout ce qui pourrait produire un trop grand effet. »

Un autre trait, et ce sera le dernier que nous citerons. Sa sœur lui lisait, il y a deux ou trois mois, une notice dans laquelle on rappelait les belles paroles d'un prêtre à son lit de mort : « Pour moi, dit-il, quand on m'annoncera que mon heure est venue, je demanderai à Dieu de mourir comme un Sulpicien. J'offrirai ma vie à Dieu, je lui demanderai la grâce de mourir en toute humilité et obscurité. » Ce programme qu'il se traçait en souriant, il l'a réalisé avec une parfaite exactitude, sans y songer en aucune manière. Quinze jours avant de mourir, il se croyait entièrement guéri, parlait volontiers de sa convalescence, et exposait des projets d'avenir à un de ses amis. Le lendemain, son confesseur lui apprit que son état était grave et qu'il était prudent de penser à l'éternité (1) :

« Comment, je suis en danger, répondit-il, et je ne m'en doutais pas! » Il embrassa son directeur avec effusion, en lui disant : « Merci, vous m'avez rendu le plus grand service qu'on puisse attendre d'un ami », et il offrit sa vie à Dieu. Il reçut avec calme et fermeté les derniers sacrements en présence de sa famille et de ses plus intimes amis. Pas une plainte, pas un regret ne s'est échappé de son cœur, n'est tombé de ses lèvres pendant cette cruelle maladie. Il était plus préoccupé

(1) M. l'abbé Crosnier écrit dans son intéressante notice que ce fut M. Petit, de l'Archevêché, qui fut chargé de préparer le malade à la réception des derniers sacrements en lui révélant son véritable état. Mes souvenirs ne cadrent pas avec ce récit. M. Grandvaux, du reste, me confirme dans mon opinion en disant, dans son article de la *Semaine religieuse*, qu'un ami, dépositaire de *ses secrets les plus intimes*, fit cette courageuse ouverture. Or ces paroles ne conviennent qu'au confesseur, c'est-à-dire à M. Grandvaux lui-même.

de la peine que son état causait à ses parents
et à ses amis que de ses propres souffrances.
Son amabilité et son affabilité naturelles l'ont
suivi jusqu'au sein de la mort. Peu de jours
avant sa dernière heure, il recommandait à
un de ses amis d'user des plus grands ména-
gements, quand tout serait fini, pour annoncer sa mort à un autre de ses meilleurs
amis, malade lui-même, qui habite la pro-
vince : on ne saurait pousser plus loin le
courage, le dévouement et la délicatesse!

Le jour de sa mort, sans doute parce qu'il
sentait que c'était le dernier, il témoigna à
tous les siens une amitié plus vive en les
embrassant souvent, mais toujours en silence.
Il craignait de les émouvoir trop par ses paroles. Les crises qui précédèrent son agonie
furent terribles, mais son courage fut à la
hauteur de l'épreuve, parce que sa résignation
était parfaite. C'est le jeudi 26 mars, à onze
heures et demie de la nuit, qu'il s'est éteint
sans effort, les bras croisés sur la poitrine, en

recevant les dernières bénédictions que l'Eglise réserve à ses enfants. Il aimait à répéter les paroles des Machabées : *Moriamur in simplicitate nostra*. Ces paroles, il les a réalisées ; c'est ce qu'exprimait naïvement à son dernier soupir la religieuse qui l'avait soigné : *Il est mort, comme il a vécu, au naturel*. C'est ainsi que tous les chrétiens doivent désirer vivre et mourir.

Ses funérailles ont eu lieu samedi, 28 mars, à Saint-Sulpice. Un nombre considérable de laïques, la Faculté de théologie et plus de quatre-vingts prêtres sont venus répandre leurs larmes et leurs prières sur cette tombe. Cette affluence dit à elle seule quels sentiments le clergé de Paris ressentait pour M. l'abbé Vollot, et comment il apprécie sa perte.

Les lecteurs de la *Semaine de Lorraine* s'associeront, je l'espère, Monsieur le Rédacteur, aux prières et aux regrets des amis de M. Vollot et du clergé de Paris : *ils le feront d'autant plus volontiers que Mgr l'Evêque de Nancy avait pour ce cher défunt une estime et une amitié véritables. Il tint à les lui témoigner hautement à son dernier voyage de Paris, au mois de janvier, en allant rendre visite à l'abbé Vollot et lui porter de sympathiques paroles dont nous savons qu'il a été profondément touché.*

Daignez agréer, etc.

R. T.

Par une heureuse et singulière coïncidence, j'ai retrouvé, au moment de l'impression de ces pages, dans les papiers du cardinal Foulon, une lettre, que je lui adressai, en avril 1868, et dans laquelle il est parlé de la mort de l'abbé Vollot et de cette notice. Elle m'a rappelé des détails oubliés, par exemple que le prélat s'était fait présenter les épreuves de cet article et qu'il y avait ajouté, de sa propre main, les lignes finales que j'ai soulignées, dans lesquelles il mentionne sa visite au regretté défunt. Elle me confirme dans le souvenir toujours conservé que l'abbé Vollot fut la première personne morte sous mes yeux et qu'il reçut de moi sa dernière absolution.

Mes lecteurs me permettront de reproduire une partie de cette lettre :

Paris, 8 avril 1868.

« Monseigneur,

« Je vous remercie de la bonté que vous avez eue de laisser imprimer tout mon article sur l'abbé Vollot; mais je vous remercie surtout des quelques lignes que vous avez ajoutées. Mon intention était bien de parler de votre visite au cher malade, mais j'ai oublié! Je n'ai pas parlé non plus de celles de l'Archevêque et des trois ou quatre autres prélats (1) qui sont venus. Dans ces circonstances, on n'est pas assez maître de soi pour penser à tout.

« J'ai montré au père le commencement de votre lettre. Il en a été ému jusqu'aux larmes. C'est maintenant qu'il va surtout sentir le vide que cette mort a fait autour de lui. Il me semble qu'il a vieilli de plusieurs années! Je n'ai pas, Monseigneur, beaucoup de détails à vous transmettre sur cette mort. Ma notice indique les choses principales. Je veux seulement que vous sachiez que j'ai eu l'austère consolation d'assister à son dernier soupir et de lui donner une dernière absolution. C'est la première personne que je vois mourir. Ainsi l'image de la mort ne saurait se séparer pour moi du plus ancien et du meilleur de mes amis.

(1) Mgr Darboy, Mgr Thomas, évêque de La Rochelle, et Mgr Maret, évêque de Sura. Mgr Thomas fit plusieurs visites au malade et voulut célébrer, pour lui, à Notre-Dame des Victoires, une messe à laquelle assistaient ses deux sœurs.

« Je pense qu'on recueillera quelques-uns de ses écrits, quelques-unes de ses lettres et qu'on en composera un petit volume pour la famille et les amis. On pourra mettre en tête une notice où ce caractère et cette vie seront étudiés avec le plus grand soin. Il faut avoir vécu avec l'abbé Vollot, avoir été en correspondance avec lui, pour bien comprendre combien fine et délicate était cette nature, combien étaient charmants son esprit et son caractère. J'ai été son ami intime plus de douze ans, et jamais je n'ai surpris chez lui la moindre défaillance. Son amitié était courageuse, sérieuse, dévouée. Il me donnait les conseils les plus pénibles et les plus délicats, et si je ne suis pas meilleur, la faute n'en est pas à lui. Je m'arrête, Monseigneur, parce que, sur ce chapitre, je ne tarirais point et j'ai bien des choses à vous dire encore... »

Voici maintenant la partie de la lettre communiquée au père de l'abbé Vollot et à laquelle je faisais allusion dans la mienne :

Nancy, 9 avril 1868.

« Mon cher ami, la *Semaine de Lorraine* vous apportera, en même temps que ma lettre, votre excellent article que j'ai fait insérer tout au long ; mais ce qu'elle ne vous dira pas et ce que je tiens à vous dire dès maintenant, c'est que j'ai pris la plus grande part à l'affliction que vous avez dû ressentir de la perte d'un si excellent ami. Vous savez trop mes sentiments pour lui, pour douter de mes regrets qui sont profonds. C'est l'*Univers* de samedi dernier qui m'a appris la triste nouvelle. Je le recevais avant ma messe, et cette circonstance m'a permis d'offrir, ce jour-là même, qui était, je crois, le jour de l'enterrement, le saint Sacrifice à son intention. »

L'expression émue des sentiments de condoléance de Mgr Foulon ne fut pas une surprise pour moi. Chaque semaine je le tenais au courant de la maladie, et voici quelle fut sa réponse à mon dernier bulletin : « Pauvre abbé Vollot! Que je suis donc triste de voir cette belle intelligence sur le point de s'éteindre! Pauvre père! »

Cette notice, communiquée à la famille de l'abbé Vollot et à quelques amis, fut goûtée au-delà de son mérite, parce que, écrite tout d'un trait et sous l'impression du moment, elle faisait passer, en quelques instants, sous les yeux du lecteur, la vie tout entière du cher défunt, en lui conservant sa véritable physionomie. « Je ne sais comment vous remercier de votre envoi, m'écrivait, le 7 avril. Mme Falateuf, vous seul pouviez ainsi le faire connaître. Vous seul connaissiez, comme nous, tous les trésors enfermés dans cette âme d'élite. Beaucoup l'aimaient et l'appréciaient, mais nul ne pouvait le faire au même titre que

9.

vous. J'ai été particulièrement heureuse en lisant ce que vous avez dit de ma mère. Certes, sachant mieux qu'un autre ce qu'avait été sur l'esprit d'Henri l'influence d'une telle vie et la sainteté d'une telle mort, il m'était pénible de voir que personne n'en eût parlé. C'était à vous qu'il appartenait de le faire, puisque c'était à vous qu'Henri en avait le plus souvent parlé. »

Mme Defranc n'avait pas, à ce sujet, un autre sentiment que sa sœur : « Caroline a dû déjà vous dire combien nous avons été touchées du récit, simple et vrai que vous avez fait dans la *Semaine de Nancy*, et comme nous avons trouvé tous, surtout ma sœur et moi, qu'un intime ami avait pu seul raconter ainsi la vie abrégée de notre cher Henri. »

De la satisfaction éprouvée par les amis en lisant cette notice, je ne veux citer que deux témoignages. Le premier est celui de l'abbé Jory, alors missionnaire diocésain à Mende, aujourd'hui archiprêtre de Marvejols. Il fut, à Saint-Sulpice, un des meilleurs amis de l'abbé Vollot, un de ceux qui le connurent et l'aimèrent le mieux. « Au moment de repartir pour une nouvelle mission, je reçois la *Semaine de Nancy*. J'ai juste le temps de lire la notice et de vous dire : merci. Vous le montrez tel qu'il était et tel qu'il est dans mon cœur, tel qu'il y restera. »

Le second témoignage est celui du prêtre vénéré qui occupe la plus grande et la meilleure place dans le cœur du défunt. « Je vous remercie, m'écrivait-il d'Angers, et de la dernière lettre, et de la notice que vous avez faite. J'ai été vivement touché de l'une et de l'autre et j'ai pleuré moi-même en vous lisant. » Dans ma pensée et dans mon très vif désir, cet article de la *Semaine de Nancy* ne devait être qu'une préparation à « une belle et aimable vie » (ce sont ses expressions), que cet ami seul pouvait écrire.

Mais son invincible modestie résista à toutes mes instances. « Bien sûr, me répondait-il toujours, en variant ses formules, s'il suffisait de bien aimer quelqu'un pour pouvoir bien écrire sa vie, je suis capable de faire un chef-d'œuvre, mais cela ne suffit point. »

Et ainsi l'abbé Vollot, toujours vivant dans le cœur de ses amis, attendit près de trente ans son biographe. Mais par une espèce de compensation et de réparation posthume, ce fut un élève et un ami de celui à qui il appartenait d'écrire cette vie, qui fut désigné par lui pour rédiger le livre des « Souvenirs ».

Je termine. Beaucoup d'amis communs et d'autres personnes qui savaient les liens d'amitié qui m'unissaient à l'abbé Vollot m'écrivaient des lettres de condoléance au moment de cette mort. Ces lettres, je les ai conservées. Elles expriment toutes la même pensée, formulée ainsi par l'abbé Mengelle, qui avait pour l'abbé Vollot la même affection que moi : « *Nous avons perdu un ami sur la terre et nous avons gagné un protecteur de plus dans le ciel.* » De ces lettres, je n'en repro-

duirai qu'une, et non sans crainte d'être indis-
cret. C'est celle de l'ami même dont je viens
de proclamer encore une fois le mérite, en
déplorant l'excès de sa modestie et sa défiance
en ses propres forces. Elle terminera bien ce
travail en me donnant l'occasion de renou-
veler, en son nom et au mien, la résolution
prise il y a trente ans : « *Et nous garderons
fidèlement le souvenir de notre cher ami et
nous prierons pour lui tous les jours de notre
vie.* »

3 avril 1868.

Mon bien cher Ami,

J'ai bien tardé à vous écrire et je serais tenté d'attendre encore; il m'en coûte
de sortir de ce silence que je voudrais
toujours garder. Vous seul, peut-être,
êtes initié au secret de cette amitié qui
m'unissait à ce cher enfant. Je n'en ai
point fait mystère, et cependant personne

n'a su combien cette union était étroite.
Il m'appelait son père et, en effet, j'avais
bien pour lui cette tendresse de cœur
qu'un père a pour son fils le plus aimable. Et c'était autre chose encore :
c'était l'amitié. Vous savez comment cela
a commencé, vous-même y avez mis la
main. Je l'aimais déjà à cette époque,
mais il ne le savait pas et, sans vous,
il ne l'aurait peut-être jamais su. Je n'ai
de hardiesse pour rien, mais quand il
s'agit de dire le secret de mon âme, je
suis le plus hésitant et le plus timide
des hommes. Il me ressemblait sous ce
rapport. C'est vous qui m'avez abouché
avec M. Vollot; et, avant l'occasion que
vous avez fait naître, je ne sais si je lui
avais jamais adressé une seule fois la
parole. Peut-être avez-vous oublié cela :
ce ne fut de votre part et de la sienne
qu'un aimable enjouement. Peu de jours

après, tout était changé; M. Vollot, pour moi, n'était plus un élève et je n'étais plus son maître. Je n'ai pas besoin de vous dire la douceur que j'ai trouvée dans les relations qui ont duré depuis, sans que jamais rien ne soit venu les troubler ni en diminuer à aucun moment l'intimité. Vous savez aussi bien que moi ce qu'il était, vous étiez son ami, au même titre. Que de fois nous avons parlé de vous et de ses autres amis dans nos longs entretiens d'Angers? C'était le sujet préféré de ses conversations, j'étais, de mon côté, si heureux de savoir qu'il était apprécié et aimé par plusieurs!

Je ne veux point entreprendre de vous parler de lui; qu'aurais-je à vous apprendre? Vous n'avez pas besoin non plus que je vous dise le vide qui s'est fait dans mon âme. C'est toute une partie de ma vie qui m'a été enlevée : ce que j'ai trouvé en lui, je ne le trouverai plus. Ce pauvre enfant! Je ne puis croire à sa mort, et tous les jours, je me surprends à me demander si une lettre de lui ne va point m'arriver, ou bien je fais des projets pour les vacances à notre maison de campagne qu'il aimait à cause de sa paix et de sa solitude... Mais tout est fini!...

Je serais heureux d'avoir quelques détails et, bien que j'aie abusé déjà de votre bonté, je vous prie de vouloir bien m'écrire encore. Parlez-moi de ce qui a suivi sa mort. Dites-moi quelque chose de la sépulture; où est sa tombe? Et ses pauvres parents! Son père, sa sœur qu'il aimait tant! N'écrira-t-on point une petite notice, quelques pages au moins? M. de la Bastie (1) n'avait point eu d'événements dans sa vie, et cependant ceux qui l'ont connu

(1) Ancien élève de Saint-Sulpice, mort jeune à l'Oratoire.

et aimé sont heureux d'avoir ce petit monument qui a été fait pour conserver sa mémoire. Il se préoccupait de sa correspondance, et il voulait nous faire des recommandations à ce sujet. Je lui ai écrit bien des lettres, quelques-unes renferment des secrets que je n'ai dits qu'à lui.

Parlez-moi de tout cela, je vous prie.

Et nous garderons fidèlement le souvenir de notre cher ami, et nous prierons pour lui tous les jours de notre vie.

A Dieu.

Tout à vous in X^{to} et M.

L.

APPENDICE

I

ARTICLE NÉCROLOGIQUE

DE M. GRANDVAUX, DIRECTEUR A SAINT-SULPICE,

SUR L'ABBÉ VOLLOT

4 avril 1868.

Le jeudi 26 mars (1), Paris, la France, et
l'on peut dire l'Église, ont fait une grande

(1) Le jour où est mort l'abbé Vollot, je l'ai déjà noté,
avait lieu, à l'Institut, la réception du P. Gratry à l'Académie française. M. Vitet, qui recevait le célèbre Orato-
rien, profita de l'occasion pour payer un juste hommage
à l'abbé Perreye. La *Semaine de Paris*, dans le numéro
même qui renferme l'article de M. Grandvaux, rendant
compte de la séance de l'Institut, rapprocha ces deux
noms de Perreyve et Vollot, comme je le faisais au
même moment peut-être en écrivant à la *Semaine de Lorraine*. Même rapprochement sous la plume de M. Grandvaux. Voici le passage du compte rendu auquel je fais
allusion :

« Une dernière impression que nous voulons noter

perte. Un jeune prêtre, M. Henri Vollot, docteur en théologie et professeur d'Ecriture sainte en Sorbonne, vient de mourir avant d'avoir atteint sa trentième année et au moment où tout semblait lui sourire, brillante éducation littéraire, science sacrée, famille, amitié, position au-dessus de son âge, mais non point au-dessus de son mérite.

Ses premiers maîtres ont été son père et sa mère, heureux et dignes d'un tel fils; et il n'a

de cette religieuse journée. En entendant M. Vitet rappeler le souvenir de ce brillant et doux abbé Perreyve, de ce « jeune prêtre mort dans sa fleur, et dont le nom reste comme un symbole d'espérance moissonnée trop matin », plus d'un cœur dans l'assemblée a dû se sentir doublement saisi et serré, tant le portrait de l'ami mort ramenait la pensée à l'ami mourant. Dans la même soirée, en effet, presque à la même heure, s'éteignait, à quelques pas de là, M. l'abbé Henri Vollot, lui aussi moissonné trop matin, — il avait trente ans; — lui aussi l'une des plus chères espérances de la Sorbonne et du clergé de Paris; lui aussi précieuse et belle fleur promettant les plus beaux fruits! Ces deux âmes sœurs, Dieu a voulu les réunir. Leurs amis adorent sa volonté et cherchent dans la prière un adoucissement aux regrets de tant d'espérances brisées. »

eu qu'à marcher dans la voie qu'ils lui avaient
ouverte pour avancer dans la science et la
vertu. Après d'éclatants succès dans les
lycées et dans les grands concours, il est
entré au séminaire Saint-Sulpice, où des
succès moins bruyants, mais non moins solides, l'attendaient et où il a réellement acquis,
à un haut degré, l'affection de tout le monde,
maitres et élèves qui ont pu apprécier la rare
délicatesse de son esprit et de son cœur. A la
fin de son cours de théologie, il fut placé
vicaire à Saint-Thomas d'Aquin; mais le désir
de développer des aptitudes dont l'Eglise
pouvait tirer un grand parti lui fit donner le
conseil d'aller en Allemagne, suivre quelque
temps des maitres renommés dans la critique
sacrée. Sa santé n'avait jamais été floris-
sante; mais à son retour de Tubingue, elle
inspira de graves inquiétudes à ses amis.

Cependant, après de longs mois de repos,
quelques voyages dans le Midi, et des soins
où rien ne manquait, dans sa respectable

famille, sa poitrine parut assez rétablie pour qu'il pût suivre son désir de rendre utile aux autres les résultats de ses travaux. Il vint inaugurer le cours qu'on lui avait confié, et il le fit de manière à justifier un choix qui, à certains égards, avait été exceptionnel comme l'étaient ses talents et ses vertus. On a pu voir la noble simplicité, la pureté attique de son langage, et tout à la fois la preuve de patientes et laborieuses recherches, dans sa thèse de doctorat et dans ses premières leçons qu'il a publiées. Mais son corps était trop faible pour soutenir l'activité de son âme; à la fin de décembre dernier, il dut interrompre son cours, hélas! pour ne plus le reprendre. La vie se retirait peu à peu de ce corps amaigri, mais l'âme conservait sa vigueur, sa vivacité, sa même gaieté; il avait sur sa santé les illusions qui semblent être le propre de cette maladie, et qui, si elles étaient diminuées en lui par des espérances et des goûts supérieurs aux choses de ce monde, pouvaient être augmentées par le soin qu'il avait de cacher son mal et par la patience qui le lui dissimulait à lui-même. Il y avait entre lui et son admirable famille une lutte de délicatesse pour se dérober mutuellement le spectacle de grandes souffrances et celui de grandes douleurs.

Des affections douces et puissantes attachaient le cher malade à ses parents et à ses amis; l'espérance de pouvoir faire du bien lui faisait désirer de recouvrer quelque force. Mais une affection supérieure dominait toutes les autres, les épurait sans les affaiblir; et au plus fort de ses douleurs il disait à un ami dépositaire de ses secrets les plus intimes : *Bonum est nos hic esse*. Aussi les personnes qui l'entouraient des soins les plus assidus et des plus clairvoyantes sollicitudes n'ont jamais pu surprendre en lui le plus petit signe d'impatience. Cependant le moment de recevoir les derniers sacrements de l'Église se faisait tristement pressentir. L'ami dont nous venons de parler n'hésita pas à se charger de l'avertir et de lui donner cette pénible preuve de son affectueux dévouement. M. Vollot communiait aussi souvent qu'il pouvait dans sa maladie, mais il s'agissait des derniers sacrements. Or son ami le savait assez fort pour voir le danger en face, et croyait peu digne de lui de le laisser prendre à l'improviste par la mort. Aussi jamais ouverture ne fut mieux reçue.

M. Vollot comprit tout ce qu'elle avait coûté, et en témoigna sa reconnaissance de la manière la plus affectueuse. Il reçut les sacrements avec une présence, un calme, une ferveur admirables. Depuis il a encore vécu près de quinze jours, et éprouvé même une amélioration qui a donné quelques jours l'espérance de voir la maladie un peu enrayée; mais elle a repris son terrible cours, aussi bien que la patience du malade, et la vie, soutenue par les soins méthodiques et dévoués d'un habile médecin, s'est éteinte lentement, sans altérer en rien l'attitude du malade, qui, vrai, simple et noble en toutes choses, et constamment ennemi de la mise en scène, de l'ostentation, avait dit à sa sœur qu'il voulait mourir **sans phrase**. Il est mort effectivement avec la simplicité d'un enfant et la fermeté d'un héros qui se voit succomber sur le champ de bataille, c'est-à-dire avec la soumission et la confiance d'un chrétien qui laisse paisiblement Dieu attirer à lui une âme qu'il a tenue quelque temps dans l'épreuve.

Cher ami, au nombre des souvenirs que vous laissez à votre pieuse famille et à vos nombreux amis, celui de vos vertus est le plus précieux. Il nous donne la douce confiance que vous êtes ou serez bientôt dans la plénitude du bonheur. Il nous encourage à marcher ser vos traces, et nous fait compter sur votre intercession auprès de Dieu pour nous aider à vous suivre et vous retrouver un jour.

Un haut personnage ecclésiastique, plein d'estime et d'affection pour M. Vollot, en apprenant sa mort : « Après le maître, dit-il (en parlant de M. le Hir), nous perdons le disciple! » Peu de temps auparavant, la Sorbonne a encore perdu M. Perreyve; tous trois enlevés au moment où ils donnaient leurs fruits, l'un, M. Perreyve, dans l'action d'un zèle dévorant; l'autre, M. le Hir, dans la plénitude de la science, et le troisième dans l'éclat de ses premiers succès! Prions Dieu avec confiance qu'il remplace ces vaillants défenseurs de la plus sainte des causes.

II

UNE POÉSIE LATINE DE MGR D'HULST :
LE CALICE DE L'ABBÉ VOLLOT.

Ce ne sont que six distiques; mais ils sont précieux à cause de la pensée et de la circonstance qui les ont inspirés, et parce qu'ils sont un témoignage de l'amitié qui unissait ces deux jeunes prêtres, égaux par le talent et la vertu, la distinction personnelle et les qualités de l'esprit et du cœur. Mon vif désir et mon espoir étaient de citer quelques fragments de la correspondance qui exista entre eux, pendant cinq ou six ans. Il est plusieurs fois question des lettres de Mgr d'Hulst dans celles de l'abbé Vollot, et quelquefois avec

tant d'éloge qu'on regrette d'autant plus vivement que les réponses à ces lettres soient per-
dues. Ainsi, l'abbé Vollot écrit de Tubingue :
« J'ai reçu un mot de l'abbé d'Hulst, *Roma*, *viâ
S. Andrea delle Fratte*. Sa lettre est tout à fait
aimable, et même belle sans y prétendre. »

La Révérende Mère Marie-Catherine, sœur
du très regretté recteur de l'Institut catholique, Mme la vicomtesse de Méri, sa nièce, et
l'abbé Pisani, dépositaire d'une partie de ses
papiers, n'ont pu me fournir aucun rensei-
gnement sur cette correspondance. Elle a été
sans doute détruite.

Un détail que je n'ai pas vu mentionné dans
la notice de l'abbé Vollot : si mes souvenirs ne
me trompent pas, il fut question, entre le père
de l'abbé Vollot et M. l'abbé d'Hulst, que celui-
ci écrirait une notice biographique sur son
ami. Ses multiples et excessives occupations
depuis son entrée à l'Archevêché empêchè-
rent, sans doute, la réalisation de ce projet,
et ce fut regrettable.

Le calice qui inspira les distiques latins de Mgr d'Hulst était un cadeau de Mme Falateuf à son frère. Il était d'un goût simple et distingué, œuvre de Froment-Meurice. Mme Falateuf n'attendit pas le moment de l'ordination pour faire le présent à son frère, comme le prouve le passage suivant d'une lettre écrite pendant notre voyage à Burgos, août 1862 : « Le calice que j'ai reçu à Bayonne est d'un travail délicieux. J'y reconnais ton goût. »

Naturellement, l'abbé Vollot montra son beau calice à ses amis à l'époque de l'ordination, et ce fut l'occasion de la poésie que nous reproduisons. Mgr d'Hulst était, comme l'abbé Vollot, un ami distingué de la *Muse latine*. Comme lui, il était lauréat du Concours général, et ses succès au collège Stanislas étaient presque aussi considérables que ceux de M. Vollot à Louis-le-Grand. Cette communauté de goûts et de succès littéraires était un lien et une harmonie de plus entre les deux amis. En connaissant cette fraternelle amitié et en se souvenant des services rendus par Mgr d'Hulst à la Vérité, aux âmes et à l'Eglise, les lecteurs regretteront davantage qu'une mort prématurée ait empêché l'abbé Vollot de fournir à côté de lui la même brillante et utile carrière.

> « Et calix meus inebrians quam
> præclarus est. » (Ps. XXII, 5.)

En optata dies, en formidata propinquat :
Nunc parat iste tibi pocula quanta calix !

O tibi, quem nobis tot jungunt vincla, sacerdos,
Hic nostræ maneat pignus amicitiæ !

Si fratres liceat fraternum haurire cruorem,
Una quibus mixto sanguine vita foret !...

Dat tuus hic meliora calix commercia nobis,
Quippe quibus sanguis funditur ipse Dei !

Tu prior accedis, divinaque pocula libas ;
Ne tardes calici nos sociare tuo.

Quam manus artificis viles aptarat ad usus,
Nunc addit calici quam bene gemma decus !

TRADUCTION

> « Ma coupe est enivrante et
> splendide. » (Ps. xxii, 5.)

Le jour tant souhaité, tant redouté, va bientôt luire ;
bientôt ce Calice s'emplira pour toi du breuvage céleste !

Qu'il reste comme le garant de notre amitié, ô ami,
ô prêtre, à qui tant de liens nous attachent !

Ah ! si des frères pouvaient se donner mutuellement
leur sang, de manière à n'avoir plus, par cet échange,
qu'une seule vie !...

Ton Calice nous assurera une intimité plus sublime,
puisque c'est le sang même de Dieu qu'il versera dans
nos veines !

Le premier tu l'approches, pour y boire la divine
liqueur : oh ! convie-nous bientôt à y prendre part !

Ces pierreries, que l'artiste destinait à une profane
parure, qu'elles rehaussent bien, désormais, la beauté
de ton Calice !

III

POÉSIES DE L'ABBÉ VOLLOT SUR LE SACERDOCE

Les deux premières pièces de vers que nous reproduisons ont leur place dans le livre des *Souvenirs*; mais elles ne sont pas inédites. Elles ont été assez souvent publiées. La *Semaine religieuse de Paris* elle-même les inséra dans son numéro du 7 août 1869, en les faisant précéder de quelques lignes. Je ne puis mieux faire que de réimprimer le tout.

Plusieurs publications religieuses ont cité, d'après la *Semaine de Lorraine*, une remarquable pièce de vers adressée par M. l'abbé Henri Vollot à un sous-diacre, la veille de son ordination. Nous sommes heureux de pouvoir reproduire dans nos colonnes cette belle inspiration d'un jeune et sympathique écrivain trop tôt enlevé à la religion et aux lettres.

Nous faisons suivre ce premier morceau d'une seconde pièce inédite d'un mouvement aussi heureux et d'une émotion également communicative. Cette précieuse communication est due à l'obligeance de l'ecclésiastique lui-même à qui M. l'abbé Henri Vollot avait adressé ses deux essais poétiques. Nous prions notre bienveillant correspondant de vouloir agréer nos meilleurs remerciements.

I

MORITURO

A CELUI QUI VA MOURIR

A un sous-diacre, la veille de son ordination.

Va, tombe à terre et meurs, trop heureuse victime,
De ton front prosterné bats les sacrés parvis :
Comme autrefois, planant sur le muet abîme,
  Dieu féconda les mondes endormis,

L'Esprit viendra sur toi ; d'un souffle de sa bouche
Il animera ton néant,
Et puis, debout ! sous sa main qui te touche,
Lève-toi, fils du Tout-Puissant !

Vois le monde à tes pieds, le ciel qui te contemple ;
Salut, ô roi triomphateur !
Ange des saints autels, doux habitant du temple,
Ah ! tiens levés bien haut tes regards et ton cœur !

Ton cœur n'est plus à toi, tu ne peux le reprendre ;
Il est à l'Éternel, il est à l'Infini.
De ces hauteurs jamais tu ne devras descendre ;
Silence, amours humains ! Dieu seul est ton ami !

Tu seras sans famille et sans toit sur la terre ;
Ta patrie est partout où l'on peut voir les cieux,
Partout où l'on gémit, partout où l'on espère,
Partout où, gravissant le sentier solitaire,
On va les pieds meurtris et des pleurs dans les yeux !

Foule d'un pas vaillant cette voie héroïque ;
Laisse aux heureux du jour leur pâle volupté ;

Mêle ta jeune voix au concert angélique ;
Nourris-toi de prière et de virginité !

Ils diront cependant que ton âme est sans vie,
Que ton cœur sans amour languit décoloré,
Que l'étroit égoïsme a desséché ta vie,
Qu'il a soufflé sur toi son air empoisonné !

Marche ! marche ! et tais-toi ! Marche, enfant de lumière !
Tes amours immortels seront connus de Dieu.
Tu n'es plus au limon, tu n'es plus à la terre :
De tes chastes vertus parfume le saint lieu...

Va donc, prosterne-toi, couche-toi dans la tombe ;
Revêts-toi, pour mourir, d'un linceul éternel...
Sous tant de gloire, hélas ! si ton âme succombe,
Souviens-toi que ta force est là, sur cet autel !

II

HOMO DEI

L'HOMME DE DIEU

A un jeune prêtre, la veille de son ordination.

1

Non, Seigneur, je ne puis : éloignez ce calice !
S'il faut pleurer, souffrir, et de votre justice
Porter, en fléchissant, le fardeau douloureux,
Je suis prêt, je suis prêt. Sous votre main sévère,
Mon Dieu, j'inclinerai mon front dans la poussière,
Et vous apporterai, doux tribut, ô mon père,
Les soupirs de mon âme et les pleurs de mes yeux !

Mais gravir cet autel, immoler cette hostie,
Voir couler sous mes mains, à grands flots, tout ce sang
Toucher ce pain, ce pain où palpite la vie,
Devant qui l'univers s'abaisse en frémissant !

Tous les jours, tous les jours, monter à ce Calvaire,
Voilé pour l'œil mortel, mais visible à la foi !
Contempler ces splendeurs, et mêler ma misère
A cette majesté de l'éternel mystère,
Qu'un seul mot de ma bouche incline jusqu'à moi !

Entre l'homme et le ciel, médiateur sublime,
Faire monter la terre et descendre les cieux,
Et debout, jusqu'aux pieds de la sainte Victime
Porter du genre humain les douleurs et les vœux !

Non, je ne puis, Seigneur, éloignez ce calice :
Trop fragile est mon cœur, trop terrestre ma voix !
Trop indignes mes mains de ce grand sacrifice !
De cet immense honneur trop terrible est le poids !

2

Enfant, je suis le Dieu qui commande au tonnerre,
Qui peuplai le néant de vie et de beautés,
Qui lançai dans l'espace, inerte et solitaire,
Des mondes de soleils et de jeunes clartés !

Je suis fort; je puis tout. Je veux sur ta faiblesse
Epancher de mon sein la céleste vigueur.
Enfant, sois homme et vis! garde de ta jeunesse,
En ce monde vieilli, la noble et vive ardeur!

Marche, et que devant toi les cèdres s'humilient!
Sois mon témoin devant les hommes qui m'oublient!
Que ta bouche et ton cœur exaltent l'Éternel!
Exilé sur la terre, et les yeux vers le ciel,

Marche, et qu'en admirant ta sereine puissance,
Voyant reluire en toi la paix et l'espérance,
Les cœurs appesantis se souviennent de moi,
Et lisent dans tes mœurs la beauté de ma loi!

Enfant, sois la raison, la vie et la lumière,
Sois le guide et l'appui, l'ami sûr et le père!
Couvre de ton immense et large charité
Les âmes où tu sens germer l'éternité!...

Mon fils, en te voyant, je t'aime, et ma tendresse,
D'un baiser maternel embrasse ton néant!
Je t'aime d'un amour plein de charme et d'ivresse :
Je veille sur tes pas comme sur un enfant!

— Seigneur, vos ennemis ! — O mon fils, vois, écoute.
— Je les vois, je les vois, ils sont là, sur ma route,
Armés contre le ciel des rages de l'enfer.
Ils accourent, j'ai peur, je pâlis et je doute
Si l'enfant peut tout seul lutter avec la mer.

3

— Oui, livre à l'ouragan ta fragile nacelle !
Adieu les rêves d'or, la paix des jeunes ans !
Le mal est, ici-bas, la tempête éternelle
Qu'abordent sans pâlir les forts et les vaillants !

Laisse là tout amour et tout penser vulgaire !
L'orage est ta patrie ; elle veut de grands cœurs.
Arrière, ô cœurs pesants, froids esprits que la terre
Tient mornes et rivés à des liens corrupteurs !

Le devoir, l'équité, la vertu, l'innocence,
De ces noms immortels méconnus ici-bas,
Sois l'appui, le vengeur et la fière espérance !
Ils attendent ton cœur, et ta bouche, et ton bras !

Ainsi gravis l'autel... baisse ta jeune tête
Sous le poids de la croix qui porte ton Sauveur...
Rayonnant et joyeux, comme pour une fête,
Aux douleurs de ton Dieu va mêler ta douleur !

Henri VOLLOT.

21 décembre 1861.

III

A ces deux pièces de vers, j'en joins une
troisième, écrite dans le même ordre d'idées, qui
fut dédiée à Mgr Baudry, évêque de Périgueux.

Mgr Baudry était chargé du Grand cours à
Saint-Sulpice. Il le faisait avec une grande
science et une très rare éloquence. Lui aussi
était *un éveilleur* de premier ordre. Ceux qui
furent à Saint-Sulpice à cette époque, n'oublient pas l'extraordinaire influence qu'exer-
çait ce directeur de Saint-Sulpice, non seulement sur ses élèves, mais encore sur le
clergé en dehors du séminaire.

Je vois encore la continuelle procession des
jeunes prêtres les plus distingués de Paris
venir à la cellule du modeste Sulpicien :

11.

M. Place, aumônier du couvent du Roule, plus
tard supérieur du petit séminaire Notre-Dame
des Champs, auditeur de Rote, mort cardinal
et archevêque de Rennes ; l'abbé Langénieux,
aujourd'hui cardinal et archevêque de Reims ;
M. Hugonin, supérieur de l'École des Carmes
et professeur en Sorbonne, aujourd'hui évêque
de Bayeux ; l'abbé Isoard, directeur de l'École
des Carmes, aujourd'hui évêque d'Annecy ;
l'abbé Le Rebours, qui fut vicaire général de
Paris et curé de la Madeleine, etc.

L'abbé Vollot partageait l'admiration de
tous ses condisciples pour Mgr Baudry ; mais
c'était une admiration discrète et peu expansive : « Il me semble que je l'aime autant et
mieux que les autres, disait-il, mais Mgr Baudry ne s'en est jamais douté. »

Quelques amis et disciples de Mgr Baudry,
dont M. de Las Cases, encore élève à Saint-
Sulpice, mais influent à la cour impériale (1),

(1) Devenu plus tard évêque de Constantine.

pensèrent que leur maître et ami serait plus utile à l'Église à la tête d'un diocèse, que dans un séminaire, fût-il le premier comme Saint-Sulpice.

Eurent-ils raison ? Une mort prématurée ne permet pas de juger quelle somme de bien aurait accompli Mgr Baudry dans son diocèse, et quelle influence il aurait exercée sur l'épiscopat français. Une chose est certaine, c'est que Mgr Baudry fut grandement regretté par l'élite du clergé de Paris et la très grande majorité des séminaristes. L'abbé Vollot lui fit en quelque sorte ses adieux, en lui adressant les vers suivants, la veille même de son sacre :

De quel nom te nommer, prêtre, pasteur et père,
Vieillard par la sagesse et jeune par le cœur?
Quelle humaine grandeur, quel orgueil de la terre
Ne pâlirait devant ta sereine Grandeur!

L'huile sainte a coulé sur ta tête bénie;
De force et de douceur elle t'a couronné;

Ses flots, où ruisselaient la jeunesse et la vie,
Ont sacré pour le ciel ton front prédestiné.

Le Dieu du Sinaï, de sa main triomphante,
T'a couché sur le sol, haletant, abattu :
Prosterné, tu gisais dans cette mort vivante,
Et Lui, versait sa vie au cœur de son élu.

            Va donc, et sème au loin la vie :
            Que de ton cœur et de ta main,
            Semence féconde et bénie,
Elle coule à longs flots, sans mesure et sans fin !

Que le Verbe de Dieu tressaille en ta poitrine,
            Qu'il vive et palpite en ta voix,
Tantôt calme et puissant dans sa douceur divine,
Tantôt terrible et fier, et plus fort que les rois !

            Mais surtout que ta voix, ô Père,
            Ta voix, doux écho du Sauveur,
            Charme et soulage la misère
            Des petits, des humbles de cœur !

            Calme, adoucis, soutiens, console ;
            Sois le pasteur au cœur sans fiel ;
            Porte Jésus dans ta parole,
            Et sur ton front la paix du ciel !

Et si jamais, pliant sous le fardeau des âmes,
Baissant devant le mal ton regard attristé,
Impuissant à lutter contre ces vastes flammes
Dont la vague éternelle étreint l'humanité ;

Si les flots du malheur lentement t'envahissent,
Si des pleurs étouffés se mêlent à ta voix,
Si ton cœur saigne, hélas ! si tes forces fléchissent,
Père, songe au Calvaire et contemple la Croix !

Henri VOLLOT.

IV

Messieurs,

Je vous remercie d'être venus m'entourer de votre accueil sympathique, au moment où je succède, dans cette chaire, aux maîtres consciencieux, éclairés et sûrs, dont l'enseignement vous a laissé de si excellents souvenirs. J'y apporte de mon côté, avec un sentiment très vif de l'honneur qui m'est fait, l'amour et le goût des études qui me sont confiées. J'y apporte le désir et l'espoir de vous être utile, en affermissant vos croyances; en vous montrant sur quelles bases solides elles reposent encore; en vous rassurant, s'il en était besoin, contre les luttes présentes, où tout n'est point nouveau : car, si la vérité est toujours la même, l'erreur, elle aussi, est condamnée à se répéter pour le fond, malgré qu'elle change de formes. C'est la Bible qui est en question aujourd'hui. Pareille chose lui arrivait, il y a quatorze cents ans; Voltaire et Strauss s'appelaient alors Celse le philosophe, et le champion des Écritures était ce génie puissant, mais incomplet, qui se nomme Origène.

Certes, depuis le jour où le texte des Livres Saints fut confié par la Providence à la garde vigilante de l'Église, l'Église n'a pas laissé ce dépôt dormir inutile entre ses mains. Je le sais : il est de mode aujourd'hui de déprécier les travaux de nos pères, et l'on aime à faire dater de nos jours non seulement la maturité, mais presque la naissance de l'érudition. Permettez-moi de vous dire, Messieurs, qu'un peu de modestie ne nous messiérait pas. Si nous sommes plus instruits, n'est-ce pas que nous avons plus de ressources? N'est-ce pas hier, hier seulement, que se sont ouvertes pour nous, avec une richesse inespérée, les sources nouvelles de la science : l'Orient mis en rapport intime avec l'Occident; la guerre, la conquéte, le commerce, les services réciproques, unissant, mêlant, aux Indes comme à Alger, des races jusqu'alors séparées, non pas seulement par l'espace et les mers, mais par des haines vivaces; l'Asie pénétrée de toutes parts par nos voyageurs; nos savants, nos artistes, nos

missionnaires ; les vieilles langues retrouvées, les inscriptions déchiffrées ; et, pour
ce qui concerne la littérature biblique, le
monde arabe, parent de la race juive, se
laissant arracher un à un tous ses secrets :
sa langue si voisine de l'hébreu, ses mœurs
si profondément antiques, ses usages si
étrangement immobiles ? voilà, Messieurs,
les ressources qui nous sont prodiguées,
et qui ont manqué, en tout ou en partie,
à nos devanciers.

Et cependant, ils s'étaient mis à l'œuvre ;
et, dès le quatrième siècle de l'ère chrétienne, à l'heure où l'Église victorieuse
asseyait son empire et donnait à sa doctrine le splendide développement que vous
savez, un homme du monde, devenu péni-
tent et savant du même coup, saint Jérôme, posait, avec une largeur et une
sagacité admirables, les bases de la cri-

tique biblique, se faisait l'écolier des
rabbins, collectionnait les manuscrits,
tandis que son contemporain et son ami,
saint Augustin, séparé de lui, un instant,
par une grave controverse, mais esprit
trop élevé pour ne pas saisir, malgré ses
goût personnels, les besoins généraux de
l'Église, traçait, d'une main ferme, le portrait de l'Exégète chrétien. Il le veut sérieux dans ses recherches, pieux et crai-
gnant Dieu. Il lui défend les vaines
disputes et l'animosité querelleuse. Voilà
pour les qualités morales. Mais, de plus,
il exige de lui, et la science des langues,
et l'étude des manuscrits, soigneusement
revus et interprétés : *Adjuvante etiam co-
dicum veritate quam solers emendationis
diligentia procuravit* (1). Tel est le pro-

____

(1) *De doctrina christiana*, lib. III, n° 1.

gramme de la critique biblique, ainsi que le quatrième siècle le comprenait.

Ce programme, je le sais, devint, par le malheur des temps, et pour des siècles, irréalisable. L'invasion des barbares arrêta l'élan des études d'érudition. Les manuscrits se firent rares. Les relations devinrent difficiles. La science des langues se perdit. Il nous faut arriver jusqu'à la fin du quinzième siècle pour assister au réveil de la critique. A cette époque troublée, mais féconde, sous l'impulsion de laquelle nous vivons encore, se rattache toute une nouvelle série de commentaires et d'études bibliques dont le règne a duré, parmi nous, jusqu'au commencement de ce siècle. Il faut le dire cependant : à part quelques exceptions que rappellent les noms de Vatable et de Maldonat, chez les catholiques, de Buxtorf, de Cappel, chez les protestants, les efforts des théologiens et des érudits ne se dirigèrent généralement pas du côté de la critique, ou, s'ils le firent, ce fut avec une insuffisance que justifient et expliquent les besoins particuliers du temps. Qu'était-ce que la Bible au seizième et au dix-septième siècle? C'était, si je puis ainsi parler, le champ de bataille où la Réforme et l'Église se livraient d'interminables combats. C'était l'arsenal, la citadelle où, de part et d'autre, on venait chercher des armes, et se munir pour l'attaque comme pour la défense. La Bible, en un mot, devient alors le grand appui de la théologie, le boulevard du dogme. Entre les mains d'un Estius, par exemple, les Épîtres de saint Paul se transforment en un véritable système, admirablement rigoureux, trop rigoureux sans doute, de dogmatique et de philosophie chrétienne, où notre seizième siècle retrouvait, avec admiration, ce quelque chose de majestueux, de solennel et d'un peu sévère, qu'il aimait à prêter aux choses de Dieu.

Tous les esprits, cependant, ne demandaient pas à la Bible cette austère rigueur. Bien des âmes tendres et délicates cherchaient dans les Livres Saints un aliment à leur piété. De ce besoin naquit le commentaire mystique, qui, à vrai dire, n'a jamais cessé de fleurir, avec plus ou moins d'éclat, dans l'Église de Dieu. Eh bien non, Messieurs, et, malgré les abus qui ont pu être commis en ce genre, malgré les subtilités qui s'y sont glissées, l'Eglise n'a pas à rougir d'avoir largement béni cette branche importante des études bibliques. Elle en avait reçu, des mains de la Synagogue et de l'Orient, les rudiments à peine ébauchés. Ce qu'elle en fit, Messieurs, pour en avoir une idée, il faudrait avoir étudié, parcouru, du moins, tout ce qui, des premiers siècles jusqu'au moyen âge, du moyen âge jusqu'à nos jours, s'écrivit, en fait d'interprétations morales ou allégoriques, au sujet de nos Livres Saints. A peine peut-on s'imaginer ce qui se dépensa de foi, de piété, de travail, même d'esprit, dans cette œuvre d'édification si goûtée de nos pères. Pour eux, la Bible était, en quelque sorte, plus qu'un livre : on ne l'ouvrait pas seulement pour la lire, on la lisait pour converser avec Dieu. Dieu se cachait, disait-on, sous l'écorce des Saintes Lettres. L'âme devait écouter, dans le silence du recueillement, la voix céleste prête à s'adresser à elle, calmant les agitations, versant la paix, fortifiant la foi, ranimant le zèle prêt à s'éteindre. Puissions-nous, Messieurs, apporter à nos études bibliques quelque chose de cet antique respect et de cette tendresse confiante! Et si la foi moins naïve et moins simple de nos contemporains ne cherche plus dans nos Saints Livres cette poésie du sentiment, et ces délicatesses de la piété chrétienne qui furent l'une des joies et l'une des forces de nos pères, sachons aimer, par plus d'un point, ce passé qui n'est plus, et, du sein de la poussière soulevée par la polémique moderne, en face de notre Bible si souvent violentée par des mains irrespectueuses, forcés nous-mêmes, bien souvent, par la nécessité de la controverse, de soumettre ces pages divines à une froide dissection, souvenons-nous du temps où l'Ecriture semblait au-dessus des atteintes et des entreprises de la science humaine, où on lui faisait, en dehors de toutes choses mortelles, un domaine élevé, inaccessible, où les mains tremblaient à son contact, où l'esprit se taisait en sa présence, et puisait dans ses pages recueillies la doctrine et les encouragements venus du Ciel.

C'est ce respect pour la Bible, c'est cette adoration puissante, c'est cette foi vigoureuse, qui remplit le dix-septième siècle et qui crée Bossuet. Impossible de séparer cet homme de la Bible. C'est la Bible qui lui révèle, quand il est encore enfant, Dieu, l'éternité, le monde et lui-même. Il sera, dans ses livres comme dans ses discours, l'homme de la Bible. Elle est passée en lui tout entière. Elle lui a communiqué son souffle. Où qu'il aille, il faudra qu'il trouve, sur sa table de travail préparée pour la recevoir, la Bible dont il ne peut se passer, sans laquelle il languit, avec laquelle il veut vieillir et mourir : *In his consenescere, in his immori* (1). A la fin de sa longue carrière, après d'immenses travaux. il regrettera de n'avoir pu étudier l'hébreu, pour lire, « dans la force de l'original », le texte sacré. La Bible est pour lui cette mer mystérieuse, profonde, insondable, qui effrayait Origène, *vastum mysteriorum pelagus* (2). Il n'en sort qu'avec cette crainte religieuse que l'inspiration communique à ce qu'elle touche. Il a vu Dieu : il en est plein. De là sa sublime colère, quand un prêtre, Richard Simon, applique, pour la première fois, aux Saints Livres, les procédés, d'ailleurs fort exagérés, de la critique profane. Ce ne sont

(1) *Præfat.* in Psalmos.
(2) *Homil.* IV *in Genes;* init.

pas seulement les hardiesses répréhen-
sibles et insoutenables dont le livre est
plein, c'est le système tout entier, qui
blesse et indigne, au plus profond de
son âme et de ses croyances, l'évêque
de Meaux. Quand il s'est agi d'écrire,
dans son livre *de la Connaissance de
Dieu*, quelques chapitres sur le corps
humain, il a voulu s'y préparer par des
dissections anatomiques; quand il a fallu
tenir tête à Fénelon, quoique surpris et
mal préparé à ces controverses délicates
par ses études antérieures, il a, en quelques mois, réparé, à force de labeur et de
génie, cette lacune de son immense savoir.
Mais, en face de cette tentative nouvelle, il
n'a qu'un cri : « Anathème! » C'est à ge-
noux qu'il lit la Bible, et il ne souffrira
pas que, sous prétexte « d'hébreu ou de
grec », comme il le dit avec son dédain

royal, on vienne toucher d'une main froide ce livre entouré, par les siècles et par la tradition tout entière, d'une solennelle et majestueuse adoration.

Du sein de sa foi si calme et qu'aucun doute n'a jamais effleurée, Bossuet devait s'effrayer, en effet, de tant d'audace. Et cependant, le mal, si c'en est un, était inévitable. Avec le dix-huitième siècle commence pour l'Église une période qui est sans précédent dans son histoire. L'Église perd dans le monde savant son prestige et son autorité. La science laïque fait son apparition parmi nous, et, il faut l'avouer, tout combat avec elle. Elle a l'esprit, la légèreté, l'éloquence, que dis-je? elle a pour elle ses instincts généreux, corrompus, hélas! par des passions déplorables. Que peuvent nos solides et froids théologiens contre cette conjuration brillante qui s'adresse à toutes les classes et parle tous les langages ? Vous le savez, Messieurs : l'ironie fut l'arme avec laquelle on attaqua nos Saints Livres, parfaitement incompris, du reste, par le dix-huitième siècle ; arme bien misérable, nous semble-t-il aujourd'hui, mais bien terrible, alors, puisqu'elle nous a tués. Notre Bible est demeurée vaincue et nous avec elle. Dieu, cependant, nous préparait une résurrection.

C'est, en effet, aux dernières années du dix-huitième siècle, que se rattachent les débuts du grand mouvement historique qui agita la protestante Allemagne, qui a rempli de bruit la première moitié de ce siècle, et dont nous pouvons aujourd'hui apprécier la portée et constater les conséquences. J'ose vous assurer, Messieurs, que nous n'avons pas lieu d'en

12.

être effrayés. C'est l'Histoire, en effet, l'histoire impartiale et désintéressée, qui nous rendra, et nous a rendu déjà en partie, l'autorité morale dont le dix-huitième siècle nous avait dépouillés. C'est de l'histoire, c'est de l'étude calme, sincère et consciencieuse des faits, que le catholicisme attend, à l'heure qu'il est, sa justification pour le passé, et sa force morale dans l'avenir.

Or, à la base même de l'histoire du christianisme, est la Bible, unissant, par ses deux Testaments, les deux mondes : le monde juif et le monde chrétien. Je vous ai dit plus haut ce qu'elle a été pour l'Église et pour nos pères ; ce qu'elle a été, ce qu'elle est encore pour nos contemporains, vous le savez. La Bible est devenue pour la science moderne un livre pareil à tous les autres. On l'a dépouillée de son prestige surnaturel et de son mystique rayonnement. Après avoir, comme on dit, fait la critique d'Homère, après avoir fait celle de Tite-Live, on en est venu à la Bible, et en commençant par le Pentateuque pour finir par l'Apocalypse, on a tout analysé tout disséqué. Toutefois, il faut bien le dire, ce n'est jamais avec un entier sang-froid qu'on défend la Bible ou qu'on l'attaque. Trop de questions y sont soulevées, trop de problèmes s'y rattachent pour que, même entre les mains d'un docteur d'outre-Rhin, la plume reste calme et impassible en face du Livre prodigieux. Aussi, Messieurs, ne faut-il pas trop ajouter foi au « désintéressement parfait » de la critique. On n'est jamais désintéressé quand on s'attaque, même de bonne foi, à Dieu ou à son œuvre. Nous en aurons la preuve bien souvent dans le cours de nos études. Mais, enfin, laissons ce détail, et portons sur toute la controverse un jugement d'ensemble. Ce grand mouvement rationaliste et hostile à la Bible est bien calmé, pour le moment, en Allemagne. La lutte, à ce qu'il semble, se transporte sur un autre terrain, sur le terrain des sciences naturelles. « Tout est dit, écrivait, il y a deux cents ans, La Bruyère. » Eh bien, sur la Bible, tout est dit maintenant. Cet immense travail d'examen et d'analyse, où tant de vies se sont consumées pendant soixante ans, d'Eichhorn à Baur; cet effort, puissant jusqu'à l'extravagance, de l'érudition moderne armée de toutes les découvertes philologiques, archéologiques, historiques, qui ont honoré notre temps : quel en a été le résultat définitif? Sommes-nous à jamais dépossédés de notre Bible? La Bible est-elle à ce point percée à jour, tellement dépouillée de tout prestige divin, qu'il faille renoncer à notre antique respect en face des découvertes de la science?

La science! Ah! certes, l'on a abusé, sous nos yeux, de bien des mots vénérables : mais de celui-là plus que de tout autre. On dirait qu'il y a par-delà le Rhin une science aujourd'hui mûre et maîtresse d'elle-même, dont les rigoureuses démonstrations, s'imposant à tout esprit sérieux et impartial, lui fassent une loi absolue de renoncer à tout jamais aux croyances vieillies qui ont été, jusqu'ici, le pain quotidien des générations chrétiennes. De l'érudition, Messieurs, il y en a, et infiniment; des détails heureusement mis en lumière, des textes éclaircis, une intelligence plus grande des mœurs et du langage de l'Orient; des

traductions plus vivantes, plus origi-
nales, plus expressives, oui, je vous ac-
corderai tout cela. J'irai plus loin, et
j'avouerai que notre Bible a gagné beaucoup à ce travail patient et minutieux qui
s'est acharné à ne rien laisser dans
l'ombre. L'œuvre est belle et grande; elle
restera.

Mais qu'il y ait par-delà le Rhin aucun
système rigoureux, aucun ensemble de
doctrine naturaliste, expliquant, enten-
dez-vous, Messieurs? expliquant d'une manière rationnelle, et en dehors de la tradition chrétienne, non pas seulement la
Bible, mais ce qui est le fond même de
la Bible, je veux dire la révélation, le
miracle, le surnaturel, l'intervention de
Dieu dans la direction spirituelle du
monde; qu'aucune démonstration scientifique existe en ce genre devant laquelle

il nous faille courber la tête et humilier notre foi, c'est ce que je nie, c'est ce que je nie énergiquement.

Je ne vous citerai, en ce moment, qu'un seul exemple.

Un livre existe qui marque l'apogée, et qui peut être considéré comme le chef-d'œuvre de la critique rationaliste au dix-neuvième siècle. C'est le dernier mot de la négation. Je veux parler du livre de Strauss, la *Vie de Jésus*. Ce livre, Messieurs, a deux faces, deux aspects. Il y a un côté critique, analytique, qui est bien le travail de dissection le plus minutieusement impitoyable auquel la main d'un homme ait jamais soumis le texte comparé de nos quatre Evangiles. On trouve là le résumé de tout ce qui s'est écrit, de tout ce qui peut s'écrire en ce genre. Contradictions, impossibilités prétendues; lacunes apparentes du récit, erreurs, que sais-je? C'est un acte d'accusation implacable et impassible tout à la fois. Je ne prétends point, Messieurs, qu'il soit toujours facile d'échapper à ce réseau d'objections savamment et froidement préparées. Pourquoi tel évangéliste cite-t-il ce fait? pourquoi omet-il celui-là? pourquoi cette variante? Le savons-nous? le saurons-nous jamais? Quel a été le but de saint Mathieu? quel a été celui de saint Jean? Evidémment l'écrivain sacré n'a pas prétendu nous donner une vie complète du Sauveur. Il a choisi entre tous les faits que lui rappelaient ses souvenirs; mais quel motif a dirigé son choix? En quelles circonstances et pour quels lecteurs a-t-il écrit? On pourra bien risquer là-dessus d'ingénieuses hypothèses. Mais, après tant de

siècles écoulés, après la disparition presque complète de la littérature chrétienne
du premier et du second siècle, donner
à ces problèmes une solution tant soit
peu certaine, c'est un rêve auquel il faut
renoncer.

Et en admettant même, ce qui n'est
pas, que l'acte d'accusation formulé par
Strauss fût sans réplique, tout n'est pas
dit encore : il y a autre chose dans la Bible
que le texte, si vénéré qu'il soit. D'un
bout à l'autre de nos saints Livres règne,
avec une persistance invincible, à travers
toutes les phases et toutes les vicissi-
tudes de l'histoire d'Israël, une idée fon-
damentale, qui soutient et explique tout :
le surnaturel. Vous avez victorieusement
disséqué l'Evangile; prenez garde, votre
tâche n'est pas accomplie. L'Evangile,
dites-vous, tombe en poussière, Jésus-

Christ reste. Il faut expliquer Jésus-Christ. On l'essaie. Mais alors, Messieurs, et je dis la chose comme je la sens, alors le lecteur impartial, quelle que soit sa croyance, s'étonne et se confond. Il se demande avec stupeur à quoi sert l'esprit, à quoi sert la science, à quoi servent le tact et la délicatesse du sens critique, si l'on en est réduit, sur de telles matières, et quand il s'agit d'expliquer la foi du genre humain à des pauvretés aussi solennelles. Quiconque lira sans parti-pris dans Strauss le récit de la résurrection de Lazare, celle de la mort et de la résurrection de Jésus-Christ, éprouvera ce que je viens de dire. Croyez bien, Messieurs, que je ne cherche pas à rabaisser nos adversaires. Je ne touche jamais à un de leurs livres sans essayer de me dire : ceci est un livre de bonne foi. Je les res-

pecte aussi longtemps qu'il m'est possible, mais à une condition : c'est que,
représentants de la science, ils soient
sérieux comme elle, et ne viennent pas
mêler à des discussions qui veulent être
sévères les fantaisies de l'*a priori*.

Oui, Messieurs, au fond de toute cette
critique qui se dit négative, et se croit
courageuse, il y a, si vous cherchez bien,
un effroyable parti pris : le rejet absolu du
surnaturel. Ne me demandez pas sur
quelles preuves repose ce dogme de l'in-
crédulité. De preuves, il n'y en a pas. « La
science n'admet pas » ; c'est la formule.
« Défense à Dieu d'intervenir. La science
ne lui reconnaît pas ce droit. » Or, Messieurs, Dieu sait bien se passer de la permission des hommes, et il est intervenu.
Ce n'est pas seulement un dogme, c'est un
fait; et nous attendons, pour cesser d'y

croire, qu'on nous donne une explication, une seule explication, mais raisonnable, de Moïse et de Jésus-Christ, qui ne soit pas celle de l'Eglise et du bon sens chrétien.

Ce qui s'est passé en Allemagne depuis quarante années n'est pas fait d'ailleurs pour nous décourager. Il est bon, Messieurs, qu'on le sache en France : la critique négative n'a pas remporté, au-delà du Rhin, dans l'opinion, une victoire aussi brillante qu'elle le prétend. Je ne parle pas de la masse du public, sur laquelle les discussions savantes ont, chez nos voisins, beaucoup moins de prise qu'on pourrait l'imaginer. Je parle du corps enseignant, des Facultés de théologie protestantes, envahies, presque universellement, au commencement du siècle, par le mouvement rationaliste, que l'on put croire, un instant, vainqueur. C'était le temps où philo-

sophes et théologiens s'accordaient à reje-
ter Dieu de l'histoire et de la religion.
L'homme était et créait tout : rien en
dehors de lui. Les sceptiques conséquents
traitaient toute religion, y compris le
christianisme, de fraude pieuse, mais utile
aux peuples enfants. D'autres, beaucoup
moins francs, mais natures supérieures et
fines, gardaient tous les vieux mots chrétiens, en les interprétant à leur manière.
Le Christ était Dieu, le christianisme était
divin : c'étaient, à ce sujet, des effusions
ravissantes et pleines de poésie; impossible de couvrir de plus de fleurs le tombeau, scellé à jamais, du Surnaturel.

Eh bien, Messieurs, tout cela est loin,
bien loin aujourd'hui. L'hégélianisme est
mort; il n'en est plus question, en Allemagne du moins. Il fleurit à Naples, où la
jeunesse studieuse lui a voué, paraît-il, un

culte naïf. Quant à la critique biblique, elle est, je vous l'assure, beaucoup moins bruyante et beaucoup moins audacieuse. D'édifiants piétistes occupent à Berlin et à Tubingue la chaire de Schleiermacher et de Baur. A part deux ou trois personnalités décidément hostiles, les idées de modération, de conciliation, sont, depuis vingt années, en progrès, chez les rares et pâles survivants de l'école hégélienne. Une revue appartenant à ce groupe (1) publiait, il y a deux ans à peine, une étude manifestement orthodoxe au sujet de la résurrection de Jésus-Christ. Et non seulement la foi chrétienne, si timide au commencement de ce siècle, s'est ranimée, au sein du protestantisme, mais elle y a inspiré et elle y inspire encore, tous les jours,

(1) C'est la *Revue de théologie scientifique* publiée à Iéna, par M. Hilgenfeld.

des œuvres dont nous aurons à parler, et auxquelles ne manque, croyez-le bien, ni l'autorité de la science, ni l'imitable accent de la sincérité.

Je voudrais vous dire aussi, Messieurs, ne fût-ce qu'en quelques mots, comment les catholiques d'Allemagne ont contribué à cette œuvre de bon sens et de foi qui se poursuit, chez nos voisins, depuis trente années. Je voudrais vous dire et les délicatesse de leur position, et leur zèle éclairé, et leurs travaux variés et solides. L'occasion s'en présentera plus d'une fois dans le courant de nos études. Vous me permettrez, dès ce jour, de les associer, dans mon reconnaissant souvenir, à ceux qui furent et qui sont encore, en France, mes maîtres, travaillant à la même œuvre, avec la même foi, au sein de difficultés peut-être plus grandes encore.

Mais je reviens à vous, Messieurs, et aux études qui vont désormais nous réunir dans cette enceinte, et rapprocher, je l'espère, par des liens affectueux et chers, nos esprits également avides de vérité, de sincérité, de justice. J'ai l'intention de transporter nos premières recherches sur le terrain de l'Ancien Testament, sur le terrain de la Genèse et du Pentateuque. Vous allez dire que je remonte bien haut et bien loin, et pourtant, Messieurs, les questions que je dois soulever devant vous sont très actuelles, et les problèmes qui s'y rattachent sont éternellement jeunes. Impossible de séparer le Pentateuque de l'Evangile. Ce serait enlever à l'édifice sa base de granit. Attaquer la Genèse, c'est attaquer l'Evangile : la défendre, c'est défendre, non pas seulement un livre, — le plus ancien et le plus véridique de tous, —

mais la source même et le principe de la Révélation. De là, Messieurs, l'importance de toutes les études historiques et critiques se rattachant au Pentateuque. Question d'âge, question d'origine; nature et composition du livre, vous ne sauriez croire avec quelle passion la critique s'est acharnée, depuis soixante ans, à ces problèmes arides en apparence, mais d'une importance capitale. Si l'on parvient à expliquer humainement le Pentateuque, on explique humainement le judaïsme, et voilà le christianisme privé d'un de ses fondements. Tout est là, Messieurs. Nos adversaires ne s'y trompent pas : ne nous y trompons pas nous-mêmes.

Nous nous adresserons donc à la Genèse, et nous demanderons à ce document vénérable de nous livrer le secret de son âge et de son origine. Dans le camp de la critique négative, on a attaché une grande importance à un détail qui veut être examiné avec attention. Je veux parler du double nom que l'écrivain sacré applique à Dieu dans le courant du livre. C'est tantôt Jéhovah, et tantôt Elohim. Ce n'est pas tout : on affirme que les fragments jéhovistes se distinguent entièrement des fragments élohistes : autre style, autre mode d'exposition; et surtout, ce qui est infiniment plus grave, différence essentielle en ce qui touche à la notion de Dieu et de son alliance avec son peuple. Evidemment, ajoute la critique, nous voici en face, non plus d'un livre, mais d'une compilation plus ou moins postérieure à Moïse, et dont les éléments disparates ont été empruntés à des récits antérieurs, contradictoires, sans que le dernier rédacteur ait pris la peine de donner à son livre la marque et le sceau de l'unité.

Voilà, Messieurs, la thèse de la critique négative. Notre rôle sera de faire la critique de cette critique, d'en peser les arguments et d'en discuter la valeur.

A ces questions qui peuvent, au premier coup d'œil, vous effrayer par leur aridité, se rattache tout un ensemble de problèmes religieux et moraux du plus haut intérêt. La critique de la Genèse et des noms divins nous ramène au berceau des croyances humaines. Les noms ne sont que le symbole et le voile sous lequel se dérobent les idées. Il nous faudra donc relever, en quelque sorte, ce voile, d'une main émue, et regarder en face les premières origines de notre foi. Nous surprendons, tout au début de la Genèse, la première affirmation du Dieu unique.

Nous comparerons le monothéisme hébreu avec le polythéisme des autres races nées de Sem. Nous en constaterons la parfaite originalité et l'antiquité prodigieuse. Nous admirerons comment une race de pasteurs, pauvre, ignorée, nomade, entourée déjà de tant de périlleuses influences, conserve dans sa parfaite intégrité, et développe, avec une régularité majestueuse, la notion du Dieu unique, si admirablement, si philosophiquement désigné sous le nom de Jéhovah, notion que la race juive possède toute seule, que l'Égypte ne lui a point donnée, que la Phénicie méconnaît, que l'Arabie oublie de si bonne heure, que la Chaldée n'entrevit peut-être jamais; notion inexpliquée, inexplicable, si elle ne vient d'une source plus haute et plus pure que les religions humaines; notion qui est la base même de la révélation mosaïque, et dont on ne peut séparer Israël qui en est, à travers les siècles, l'ingrat et immortel gardien.

Voilà, Messieurs, le champ varié qui s'ouvre à nos investigations. En nous rapprochant des temps antiques et des origines vénérables de nos croyances, puissent nos études nous rapprocher de Dieu! Puissent-elles ranimer en nous cette idée de Dieu, aujourd'hui, hélas! si obscurcie, si affadie dans les âmes, et à laquelle une certaine science déclare, autour de nous, une guerre acharnée. Qu'elle se relève au fond de nos consciences et au fond de nos cœurs, cette idée maîtresse, fortifiée par l'expérience d'une longue histoire, par les découvertes de la science, par les révélations de la nature, plus connue, plus admirée que jamais. Allons la retremper et la rajeunir aux sources antiques. Fils du laborieux Occident, du sein de nos travaux, de nos agitations, de notre poussière et de notre gloire, allons demander aux tabernacles de Sem un peu de cette fraîcheur, de cette paix, de cette vigueur naïve, qui se traduit si merveilleusement dans la foi, les mœurs et les œuvres des premiers âges bibliques.

TABLE DES MATIÈRES

PARIS. — L. DE SOYE ET FILS, IMPRIMEURS, 18, RUE DES FOSSÉS-SAINT-JACQUES.